AF322460

Capitaine DELVERT

LES
OPÉRATIONS
DE LA 1ʳᵉ ARMÉE
dans
LES FLANDRES

(JUILLET-NOVEMBRE 1917)

PARIS
IMPRIMERIE-LIBRAIRIE MILITAIRE UNIVERSELLE
L. FOURNIER
264, BOULEVARD SAINT-GERMAIN

LES OPÉRATIONS

DE LA 1ʳᵉ ARMÉE

dans

LES FLANDRES

Juillet-Novembre 1917

Capitaine DELVERT

LES OPÉRATIONS DE LA 1re ARMÉE

dans

LES FLANDRES

(JUILLET-NOVEMBRE 1917)

✳ ✳ ✳

PARIS

IMPRIMERIE-LIBRAIRIE MILITAIRE UNIVERSELLE

L. FOURNIER

264, BOULEVARD SAINT-GERMAIN

ABRÉVIATIONS

G. Q. G. — Grand Quartier général.
P. C. — Poste de commandement.
R. I. — Régiment d'infanterie.
R. A. C. — Régiment d'artillerie de campagne.
B. C. P. — Bataillon de chasseurs à pied.
B. C. A. — Bataillon de chasseurs alpins.
A. C. — Artillerie de campagne.
A. L. — Artillerie lourde.
A. L. C. — Artillerie lourde courte.
A. L. L. — Artillerie lourde longue.
A. L. G. P. — Artillerie lourde à grande puissance.
C. A. — Corps d'armée.
A. D. — Artillerie divisionnaire.
D. C. A. — Défense contre avions.
H. O. E. — Hôpitaux d'évacuation.
G. M. R. — Groupe mobile de remonte.
D. C. M. — Dépôt de chevaux malades.
Jour J. — Jour de l'attaque.
Heure H. — Heure de l'attaque.
B. R. — Bulletin de renseignements.
D. — Division.
D. I. — Division d'infanterie.
D. R. — Division de réserve.
D. L. — Division de landwehr.
D. G. — Division de la Garde.
D. R. G. — Division de réserve de la Garde.
D. B. — Division bavaroise.
D. R. B. — Division de réserve bavaroise.

AVANT-PROPOS

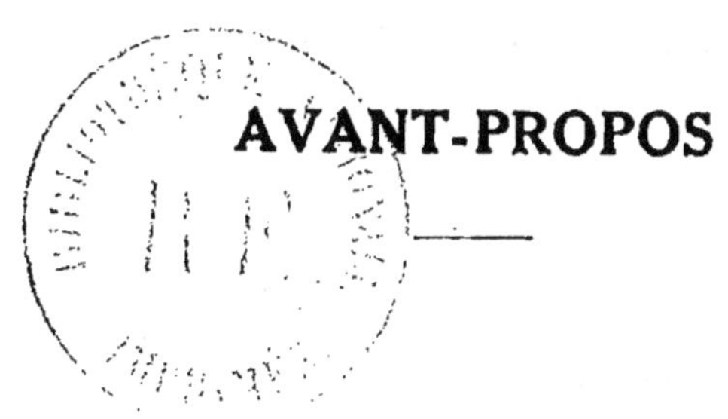

Les ouvrages qui jusqu'à ce jour ont paru sur la guerre 1914-1918 sont de deux sortes.

Ou bien, ce sont des monographies de « poilus » où seul le soldat paraît, — carnets de route et œuvres d'imagination, la plupart des prétendus « carnets de route » n'étant d'ailleurs que des exercices littéraires plus ou moins véridiques. Le commandement et ses auxiliaires, les Etats-Majors, y sont ou ignorés, ou décriés — par ignorance le plus souvent.

Ou bien ce sont des essais historiques, certains composés par des historiens de la plus rare valeur, mais ne regardant la bataille que du poste de commandement. Chez eux, c'est le troupier qui est absent.

Nous avons essayé dans l'étude que l'on va lire, de montrer la bataille en son tout intégral.

L'on trouvera, ici, à la fois les « directives » du commandement suprême, les ordres du commandement exécutant, l'analyse du travail d'Etat-Major, et la physionomie de la lutte, vue en pleine action, du sein de la troupe d'infanterie.

Nous nous sommes efforcé de faire œuvre d'historien ayant pour unique objet la vérité. Si, malgré tout le soin que nous avons mis à contrôler nos renseignements; à ne point nous écarter, dans le récit des attaques, des notes que nous prîmes en pleine action et sur le moment même ; si, disons-nous, malgré nos précautions, quelque erreur s'est involontairement glissée sous notre plume, nous nous en excusons à l'avance et prions les combattants qui survivent de vouloir bien nous la signaler.

La grande guerre a fait couler trop de sang, a causé trop de souffrances et de larmes pour que ceux qui prirent part à l'effroyable lutte n'aient pas à honneur de n'écrire sur elle que des ouvrages de stricte vérité.

Capitaine DELVERT.

Octobre 1920.

PREMIÈRE PARTIE

Le terrain. — Les Forces en présence.

CHAPITRE PREMIER

Place dans l'histoire de la guerre de la participation française à l'offensive des Flandres.

Lorsque nos alliés Britanniques entreprirent, en juin 1917, de tenter dans les Flandres ce que l'on appelait alors *une offensive de grand style*, l'armée française était encore toute meurtrie de son échec du Chemin-des-Dames. Une crise avait suivi; crise qu'aggravèrent ou exploitèrent tels partis politiques, mais dont la cause profonde était la sanglante déception du 16 avril.

Les « poilus », même dans les meilleurs régiments, étaient mécontents, aigris, pleins de rancœur. Après trois ans de guerre, on les avait encore lancés sur des fils de fer intacts! On leur avait dit : « Allez! C'est le dernier coup! L'ennemi s'en va! Vous pouvez marcher!... la canne à la main! » Et ils avaient buté contre des mitrailleuses... Dans certaines unités, plus de la moitié de leurs frères d'armes avaient été fauchés!... Inutilement!

Sans doute, l'accès d'indiscipline qui avait secoué quelques divisions était superficiel, mais le découragement, lui, était profond.

*On n'avait plus confiance dans le commande-
ment.*

Il fallait faire renaître cette confiance.

C'est à cette tâche que se consacra le général
Pétain lorsqu'il prit le commandement suprême
des armées françaises à ce moment critique.

Il s'efforça tout d'abord d'améliorer le bien-être
matériel et moral de la troupe (1). Il favorisa la
création de coopératives dans les unités, de maisons du soldat dans la zone même du front; fit
organiser un service de représentations cinéma-
tographiques, etc.

Il prescrivit de ne jamais « *faire de promesses
qu'on ne peut tenir* (au point de vue des repos en
particulier), et aussi *de ne jamais faire naître d'espoirs que les évènements de la guerre viennent
décevoir.* » (2) Mesure de capitale importance, ins-
pirée par les mutineries récentes, et qui montre
combien celui qui les prenait avait pénétré loin
dans la psychologie du troupier.

Enfin, ce militaire de vieille tradition dont la
réserve était légendaire alla jusqu'à rédiger cinq
articles pour le *Bulletin des Armées*, dont le
lieutenant-colonel Marcel Prévost renouvelait
alors la rédaction et qui était partout répandu
dans les tranchées. Le premier seul de ces articles parut : « Pourquoi nous nous battons ».
C'était, dans une prose ferme et simple, l'exposé
des origines de la guerre; on en retrouvera le
texte dans l'*Echo de Paris* du 27 juin 1917.

D'autre part, sachant combien il est important

----

(1) Instruction du 2 juin 1917 (n° 1.080), concernant
les permissions, les repos à assurer aux troupes et l'alimentation.

(2) Note pour les armées, du 19 juillet 1917, n° 19.666.

pour le moral d'une troupe et sa valeur combative qu'elle soit rompue au maniement de ses armes et à leur emploi tactique, il multipliait partout les centres et les camps d'instruction, où cadres et hommes venaient se parfaire et s'entraîner. Quiconque a servi dans le rang au cours de la campagne sait d'ailleurs à quel point ce développement de l'instruction était chose nécessaire.

Une « directive » d'ensemble (1) réorganisa l'instruction. Des centres d'études furent créés pour l'artillerie (2), pour le génie (3).

L'infanterie expérimenta des manœuvres tactiques nouvelles, comme le *passage des lignes*, — opération fort délicate qui consiste à remplacer, au cours même du combat, la première vague d'assaut décimée et fatiguée par une seconde laquelle « passe la ligne » atteinte ; cette manœuvre devait être tentée pour la première fois au début de l'opération que nous allons raconter.

*
* *

Enfin, le général Pétain entreprit de faire connaître à nouveau la victoire au soldat.

Pour remettre l'armée sur pied, c'était là certes le moyen le plus efficace. Mais il ne fallait jouer qu'à coup sûr, car, après l'aventure d'avril, de nouveaux échecs eussent été désastreux. De plus, il ne fallait pas que le succès fût payé trop cher en vies humaines; car, outre que nous avions déjà ONZE CENT MILLE MORTS environ et qu'il s'en suivait une crise des effectifs inquiétante, de fortes pertes eussent risqué de démoraliser le soldat, et, cette fois irrémédiablement. Il eût peut-

—————————

(1) Directive n° 2 du 18 juin 1917 (n° 14.881).
(2) Instruction du 29 mai 1917 (n° 28.052).
(3) Note du 2 juillet 1917 (n° 1.156).

être encore été capable d'une belle défensive. Mais le ressort eût été brisé.

On voit quelle grave et décisive partie avait à jouer le général en chef.

*
* *

Le procédé qu'il choisit fut de monter des « attaques à objectifs limités », « par surprise », « dans les secteurs auxquels l'ennemi a des raisons de tenir » afin de l'user. Et pour que cette usure fût obtenue « avec le minimum de pertes », ces attaques devaient être appuyées par « de **gros** moyens d'artillerie » (1).

Trois opérations de ce genre furent exécutées : celle des Flandres du 31 juillet 1917, celle de Verdun du 20 août et celle de la Malmaison du 23 octobre de la même année.

Toutes trois présentent les mêmes caractères : prudence et énergie du commandement, perfection du travail d'Etat-Major, formidable déploiement d'artillerie, prodigieuse dépense de projectiles, sûreté et précision de la manœuvre d'infanterie.

La méthode suivie fut celle employée pour la première fois par les Allemands à Verdun et améliorée par nous sur la Somme. Ici, appliquée à des fronts de peu d'étendue et pour la conquête d'objectifs restreints, elle fut portée à son point de perfection.

C'était d'ailleurs la dernière fois qu'elle était

------

(1) Directive n° 1 du 19 mai 1917. — Déjà dans son rapport du 1er novembre 1915 sur l'offensive de Champagne, le général Pétain avait préconisé ce procédé.

Dans la pièce que nous citons, il précisait bien d'ailleurs que ces directives étaient « fonction de la situation actuelle. Elles seront modifiées quand la situation se modifiera elle-même ».

employée. Dès le 20 novembre 1917, les Anglais, sur ce même front des Flandres, dans leur offensive en direction de Cambrai faisaient l'essai d'un nouveau procédé : la surprise par l'utilisation en grand des chars d'assaut. Cette dernière méthode perfectionnée et combinée avec celle dont les Allemands nous montrèrent la terrible efficacité le 21 mars et le 27 mai 1918, devait, aux mains d'un grand stratège, nous mener à la victoire définitive.

Les trois offensives de l'été et de l'automne 1917 sont donc une date importante dans l'histoire de la guerre.

D'une part leur succès contribua grandement à redonner une pleine valeur militaire à l'armée française; d'autre part, elles sont l'application aussi parfaite qu'il est possible d'un procédé dont le règne a duré du début de 1916 jusqu'à la fin de 1917. L'étude approfondie de l'une de ces offensives types permet donc d'en avoir une complète connaissance.

CHAPITRE II

Le but de l'offensive anglaise des Flandres. Le terrain.

Nous venons de voir le but premier poursuivi par le commandement français en faisant participer nos troupes à l'opération anglaise des Flandres; il en poursuivait encore un autre, et qui était de montrer à nos ennemis et — aussi à nos alliés — que malgré son échec du mois d'avril et la crise dont elle avait été atteinte aux mois de mai-juin, l'armée française était encore capable d'un effort victorieux.

Mais quel objet poursuivaient nos alliés britanniques dans cette grande opération à laquelle nous allions participer?

Nos alliés espéraient, par un coup puissant porté contre les organisations allemandes des Flandres entre le lac de Blankaart (au sud de Dixmude) et la Lys, réaliser en direction de Bruges et de Gand une avance suffisante pour contraindre l'ennemi à évacuer la côte de la Flandre maritime, repère des sous-marins.

Il est hors de doute qu'en cas de succès, la guerre sous-marine qui gênait considérablement l'Entente en général et nos alliés en particulier eût été rendue beaucoup plus difficile. L'effet moral en Allemagne n'eût pas laissé que d'être considérable. L'effondrement de l'Empire pouvait suivre avant que l'armée allemande ait eu le temps de se renforcer sur le front occidental au moyen de divisions libérées par la défection russe.

L'étude du « terrain » va d'ailleurs nous expliquer les espoirs des Anglais et les modalités de leur action militaire.

Le terrain où devait se développer l'offensive était cette partie des Flandres qui s'étend au sud de la région marécageuse « amphibie » des Mœres.

C'est une vaste plaine de verdure, marquetée, en ce mois de juillet 1917 où commençaient les opérations, de rectangles dorés qui étaient les moissons. Rayée de haies, de rangées d'arbres, parsemée de toits rouges sous les épaisses frondaisons, de moulins aux ailes lentes, de hauts clochers aigus, elle s'étend à l'infini sans dénivellation sensible à l'œil jusqu'à 'horizon perdu dans la brume bleutée qui enveloppe toujours les fonds de ce pays sursaturé d'eau.

Malgré sa monotonie apparente, elle est accidentée et ses ondulations, en dépit de leur faible altitude, prirent une importance capitale au cours de cette guerre où le prodigieux déploiement d'artillerie rendait précieux le moindre observatoire.

En particulier, une ligne de hauteurs entourait le saillant d'Ypres, depuis le Nord de la forêt d'Houthulst jusqu'à la Lys. Hauteurs bien modestes. La cote 60 n'y est guère dépassée. Mais la faible altitude de la plaine flamande en fait de véritables croupes. Le mot « berg » (mont) apparaît tout le long de cette ligne de faîte dans la toponymie : Stadenberg, Tiendenberg, Goudberg, Keiberg, etc. Que l'on s'emparât de cette ligne de hauteurs et l'ennemi se trouvait rejeté dans la basse plaine marécageuse, où — en raison de la nature du sol, (couche superficielle d'argile recouvrant des sables boulants), il était impossible de constituer rapidement une organisation défensive sérieuse.

Dans ce terrain, en effet, l'eau sourd à un mètre de profondeur, parfois moins. Il ne pouvait être question d'y creuser un lacis de tranchées, de boyaux complété d'abris souterrains que l'on trouvait sur le reste du front.

Les Allemands avaient imaginé donc un système de défense en superstructure, comprenant des tranchées en remblai s'appuyant sur des blockhaus en béton coulé. Excellent procédé, — le béton coulé offrant un maximum de résistance pour un minimum d'épaisseur. Mais ces blockhaus exigeaient beaucoup de temps pour être construits, et plusieurs mois si l'on voulait que le séchage du béton fût complet.

Nos alliés estimaient donc que si l'on parvenait à conquérir l'ensemble du terrain fortifié de cette manière dans le secteur que nous avons indiqué, il serait aisé de contraindre les éléments d'occupation de la côte à une retraite rapide par une menace sur leurs lignes de communication.

Une fois « la zone du béton » franchie, l'armée allemande, ne pouvant se raccrocher à aucune organisation sérieuse parce qu'il était impossible de l'établir rapidement, serait facilement bousculée.

C'était 8 à 15 kilomètres de terrain au maximum à conquérir en profondeur, sur une longueur de 25 kilomètres environ.

L'expérience de la bataille de la Somme semblait établir qu'à condition d'y mettre le prix en hommes et surtout en matériel une conquête de ce genre était *toujours* possible.

Aussi le commandement anglais nourrissait-il les plus grands espoirs.

*
* *

Dès la fin de mai 1917, les commandements français et britanniques s'étaient mis d'accord sur la participation de l'armée française aux opérations. Le 7 juin, une convention était signée entre le général Pétain, le maréchal Haig et le général Rucquoy précisant les zones et le rôle attribué à chaque armée. L'armée anglaise (30 Div.) devait tenir le front Hooge-Bœsinghe et l'armée française (6 Div.) le front Bœsinghe-Steenstraate. Quant à l'armée belge, elle ne devait attaquer, en débouchant de Dixmude, qu'une fois les troupes franco-britanniques arrivées aux lisières nord de la forêt d'Houthulst.

CHAPITRE III

La Première Armée. — Le Commandement. — L'État-Major.

L'armée française choisie pour appuyer l'attaque anglaise fut la première Armée, commandée par le général Anthoine. (1)

Le secteur qui lui était imparti allait en réalité non pas de Steenstraat, mais de Noordschoote, au sud-ouest du lac de Blankaart, à Bœsinghe, village situé sur la route de Dixmude à Ypres près du canal de l'Yser, dont la rive ouest constituait ainsi notre première ligne sur une longueur de 6 km. 700.

Le mardi 12 juin, le général Anthoine arrivait à Bergues accompagné de l'Etat-Major de la 1re armée. Il se mettait en rapport aussitôt avec le commandement belge dont les troupes occupaient le secteur assigné à l'armée française et qu'il fallait relever. En même temps, des reconnaissances étaient ordonnées pour que la relève pût commencer dès que nos troupes seraient à pied d'œuvre, et pour l'installation du Quartier Général.

Le samedi suivant, 16 juin, le Général s'installait à Rexpoede et les différents services de l'armée autour de lui.

Rexpoede est un petit village de la Flandre flamingante, dont la grand'rue aligne sa dou-

---

(1) Lettre au maréchal Haig du 5 juin 1917 (n° 5.454).

ble rangée de maisons le long de la route de Bergues à Ypres. Sur une petite place ombragée au couchant de beaux arbres s'élève l'église en briques, à trois nefs comme dans tout le pays flamand, et d'où s'élance le haut clocher cantonné de clochetons au bas du cône pointu — semblable à une haute coiffe à quatre cornes.

Quelque cent mètres plus loin, la route faisait un coude et, après avoir passé la grille d'un parc continuait sa course à travers les champs de blé d'or roux, les avoines d'or pâle, les prairies et les plants de pommes de terre alignés comme des jardins, vers Ypres, — qui n'était déjà plus qu'un désert de ruines.

C'est dans le parc qui s'ouvrait à la sortie sud-est du village que le général Anthoine établit son Quartier Général.

La grille franchie, on entrait sous une allée de beaux ormes longeant une vaste pelouse. Autour de cette pelouse, blotties sous les épaisses frondaisons, des baraques camouflées, des « métros », abritaient les bureaux de l'Etat-Major.

Au fond à droite, dans un berceau de verdure défendu par une seconde grille, derrière une rangée de platanes, était une maison de plaisance.

Ce fut le logement du général.

Le soleil éclairait les hauts tilleuls et les platanes qui encadraient le jardin. On y voyait une pièce d'eau encerclée d'un gazon fleuri d'hortensias, — miroir sombre et luisant, où se reflétaient, ondulés par les frissons de l'eau, le feuillage vert éclairé de soleil et le ciel bleu de ces beaux jours d'été.

*
* *

Le général Anthoine, qui recevait le commandement de la première armée appartenait, d'origine, à l'arme de l'artillerie. Il venait de diriger en Champagne à la tête de la IVe Armée, l'offensive du 17 avril 1917 qui nous avait valu la conquête du Moronvilliers. Dans cette opération s'était affirmée à nouveau la maîtrise dont il avait fait preuve comme chef d'Etat-Major du général de Castelnau au début de la campagne, puis comme commandant de la 20e D. I. et du 10e C. A.

Il avait cinquante-sept ans.

Au physique, c'était un colosse, solide, puissant, donnant une incroyable impression de force sûre d'elle-même. Un visage aux traits fermes; de fortes moustaches blanches, négligemment retroussées d'un côté; de grands yeux noirs à fleur de tête d'une profondeur admirable; un très beau regard, se plantant droit sur l'interlocuteur. Une physionomie sortante, léonine.

Au moral, une intelligence puissante, largement cultivée; un accueil qui vous mettait à l'aise ; une conversation mordante, pleine de verve, volontiers ironique ; une mémoire d'une prodigieuse sûreté; un jugement de santé robuste, une volonté de fer, une décision rapide.

Un maître homme.

Très exigeant pour lui-même, il l'était aussi pour les autres. De là, une poigne rude, terrible, assénant les jours de prison, les arrêts, les cassations signant même les ordres d'exécution avec une inflexible raideur.

Inflexibilité nécessaire.

Ni jour ni nuit, la bataille ne s'interrompait. A chaque heure qui passait, des hommes tombaient. Nul n'avait le droit par sa négligence ou le mépris des ordres, de risquer de compromettre une opération et de faire tuer inutilement les défenseurs du sol sacré.

Dans cette guerre, il fallait que chacun donnât son maximum. Il s'agissait de vaincre et sauver la Patrie.

Sauver la Patrie! Unique pensée de ce grand soldat qui toute sa vie n'avait eu d'autre culte : « Les hommes passent, la France reste ! » disait-il à la cérémonie qu'il fit célébrer en l'honneur de Guynemer. « Chacun de ceux qui tombent pour elle lui lègue un rayon de Gloire et de ces rayons est faite sa splendeur... » Et lorsqu'en péroraison, après avoir convié les auditeurs à marcher dans la voie triomphale « qui à travers les ruines, les tombeaux et les sacrifices conduit à la victoire les forts et les justes », il abaissa son épée devant les drapeaux assemblés, et prononça, comme le prêtre, la formule sacrée : Ainsi soit-il ! » une émotion religieuse étreignit tous les cœurs. Sous le ciel gris de novembre balayé des souffles du large, devant ces emblèmes tragiques déchirés au vent des batailles, la Foi de cet homme se dressait dans son incomparable grandeur.

Nous allons voir comment ce robuste artilleur s'acquitta de la tâche qui lui avait été confiée.

Son chef d'Etat-Major était le colonel d'Ambly, un fantassin. C'est une règle, en effet, — qui ne va d'ailleurs pas sans exception —, qu'au général artilleur on adjoigne un chef d'Etat-Major fantassin et réciproquement. Lorsque le général Debeney, fantassin, remplacera le général Anthoine à la tête de la 1re armée, le chef d'Etat-Major qui lui sera donné sera un artilleur, le général Hucher.

Le colonel d'Ambly était un homme portant une cinquantaine d'années, la taille haute légèrement voûtée. Esprit cultivé, disert, le regard voilé par le lorgnon, il était, dans son abord, la douceur et l'affabilité mêmes. Aussi calme sur le champ de bataille que dans son cabinet de chef d'Etat-Major, il devait s'illustrer à la tête de la

77ᵉ division au cours des rudes combats du printemps 1918.

Le bureau des opérations (le 3ᵉ bureau) était peu nombreux. Le chef de bureau était un artilleur, le commandant Alexandre. Auprès de lui, on voyait un sapeur, le commandant Lagarde, un fantassin, le capitaine Pfister, un zouave, le capitaine Gastou, un artilleur, le capitaine Boris lequel avait pris comme adjoint un jeune cavalier, le lieutenant Bogrand.

Le commandant Blanchard, un cavalier, et le commandant Garibaldi, — dans le civil directeur de l'*Eclaireur* de Nice —, étaient chargés des liaisons.

Le deuxième bureau (1) avait pour âme son chef, le commandant de Bourbon-Busset, dont la perspicacité fournit en maintes occasions, une aide précieuse au commandement.

Son adjoint, le capitaine Tassel était un chasseur à pied, petit, solide et dont nous ne pouvons nous rappeler les longues moustaches blondes et la bonté sans émotion.

A l'ordre de bataille était un professeur d'allemand de l'Université de Nancy, le capitaine Lévy, qui, doué d'une mémoire prodigieuse, connaissait, je crois bien, toutes les divisions de l'armée allemande. La surveillance des batteries ennemies incombait au capitaine Schulz, un solide alsacien, blond, élancé, au cou de taureau, et qu'animait la haine intégrale du Boche. Le S. R. était dirigé par le capitaine de Cousmon, qui avait pour adjoint le lieutenant de Chauveron. Celui-ci, placé au début de la campagne au gouvernement militaire de Paris auprès du général Clergerie chef d'Etat-Major du général Mau-

____

(1) Renseignements sur l'ennemi.

noury, était parfaitement édifié sur les agissements de la bande Garfunkel, Landau et compagnie. L'arrestation de Bolo ne le surprit nullement .

A la tête du 4e bureau se trouvait le commandant Riegel, grand, robuste et d'une activité toujours de belle humeur. Il fut remplacé par le lieutenant-colonel Lemoine dont le sang-froid avait fait l'admiration du régiment breton qu'il quittait, et qui gardera le même calme dans les moments les plus critiques pour organiser les transports de l'armée. Esprit d'une merveilleuse clarté, d'une érudition en histoire militaire vraiment exceptionnelle même dans le milieu « breveté » où elle est courante, je lui dois trop pour ne pas lui témoigner ici mon affectueuse admiration. Il était secondé par une équipe d'officiers nettement spécialisés : les capitaines Grœner, de la Valette, Métrot, et le lieutenant Laurent, d'autant plus dévoués à l'accomplissement de leur tâche si ardue soit-elle, que tous éprouvaient pour leur chef plus de respectueux attachement.

L'aviation était dirigée par le capitaine Amiot, un alsacien, grand, sec, la bravoure même. Il était puissamment secondé par le capitaine (depuis commandant) Wateau, chef de l'aviation du 1er C. A. pacifique avoué de Paris, devenu l'un des « as » de l'aviation.

L'artillerie de l'armée avait à sa tête le général Laboria (remplacé en septembre par le général Lucotte, — terrible d'activité) ; le génie, le lieutenant-colonel Quillet ; le service routier, le colonel Blaise ; les chemins de fer, le commandant Tisserand avec, comme adjoint à la voie de 0 m. 60, le capitaine de Suze ; enfin le canevas de tir, le capitaine Messire.

CHAPITRE IV

La Première Armée (suite) : les exécutants.

Comme troupes, le haut commandement n'avait mis à la disposition du général Anthoine que six divisions : l'opération était, avant tout, anglaise, et, de plus, l'armée française, convalescente, avait besoin de ménagements. Mais il lui fallait réussir ; aussi les six divisions avaient-elles été soigneusement choisies.

C'étaient, tout d'abord, les deux divisions qui se trouvaient sur place à Nieuport : la 29e D. I. et la 133e D. I. Elles constituaient le 36e C. A. que commandait le général Nollet, — un artilleur, aujourd'hui chef de la mission interalliée à Berlin.

La 29e D. I. (Général Bernard) comprenait les 3e R. I. (Lt-Colonel Petit-Jean-Roget), 141e R. I. (Lt-Colonel Martin), et 165e R. I. (Lt-Colonel Faure-Beaulieu). Elle avait la longue habitude du secteur, l'ayant tenu une première fois d'avril à octobre 1916, et y étant revenue au début de 1917. Quant à la 133e (Général Valentin) c'était la célèbre « Gauloise » illustre depuis la reprise de Douaumont et de Bezonvaux du 24 octobre et du 15 décembre 1916 et dont toutes les unités constituées : 102e B. C. P. (Commandant de la Pomélie), 107e B. C. P. (Commandant Raoult), 116e B. C. P. (Commandant Pintiaux), 32e bataillon de chasseurs alpins (Commandant Wentling), 401e R. I. (Lt-Colonel Canonne) et 321e R. I. (Lt-Colonel Chombard de Lauve) portaient la fourragère. Y était joint le 54e bataillon sénégalais qui devait fournir des travailleurs.

A ces deux divisions, avaient été jointes les

quatre divisions du 1er Corps (Général Lacapelle (1) : 1re, 2e, 51e et 162e D. I.

Elles avaient été fortement éprouvées le 16 avril précédent à l'attaque du plateau de Craonne. On les retirait du repos pour les amener dans les Flandres. C'est qu'elles étaient composées de régiments qui s'étaient montrés toujours d'une tenue remarquable au feu, et, de plus, l'on espérait qu'originaires tous de la région même où ils allaient être employés, ils se surpasseraient encore.

L'évènement justifia ces espoirs.

Comme l'on voit, il n'était aucune précaution que l'on n'eût pris. Il est d'ailleurs certain, à mon sens, que l'élément moral dont il s'agit ici contribua puissamment au succès de la première attaque tout au moins. Non que depuis le début de la campagne des renforts ne soient venus à ces régiments d'autres régions que de la région du Nord. Ils en avaient reçu notamment de Gascogne et des Charentes. Mais le vieux fond était resté, — et surtout l'esprit.

La 1re division avait pour chef le général Grégoire.

Elle était composée des 1er, 201e et 233e régiments d'infanterie. Le 1er (Lt-Colonel de Brugnac) était le régiment de Cambrai, fier d'être le plus ancien régiment de France, aimant à rappeler le souvenir du vieux régiment de Picardie dont il descendait. Le 201e (Lt-Colonel Mougin) était son régiment de réserve, le 233e (Lt-Colonel Lequeux) le régiment de réserve du 33e d'Arras.

La division avait pris une part glorieuse à la campagne. Le 15 août 1914, elle s'était battue à Dinant; le 23 août, elle tenait héroïquement à Saint-Gérard-Marienbourg ; le 29-30 août à Guise.

____

(1) Aujourd'hui, commandant la 1re région, à Lille.

A la Marne, elle se battait les 6 et 7 septembre à Esternay ; le 8, à Montmirail. En février-mars 1915, elle était en Champagne, à Mesnil-les-Hurlus. En avril, nous la retrouvons en Woëvre. Pendant l'année 1916, elle s'illustrait à la fois à Verdun et dans la Somme. Amenée avec la 2ᵉ division, le 25 février, devant Verdun, elle avait tenu en échec la ruée allemande à Bras et à la côte du Poivre ; dans la Somme, elle avait enlevé Maurepas et Combles (fin août-septembre 1916). Fortement éprouvée lors de l'assaut de Craonne 16-17 avril 1917), elle n'avait pas été réengagée depuis. Elle avait été reconstituée, reposée et entraînée. Elle était en pleine forme et animée du plus haut moral.

La 2ᵉ division, que commandait le général Guignabaudet, auquel devait bientôt succéder le général Mignot, était avec la 1ʳᵉ D. I., une des divisions constitutives du 1ᵉʳ corps.

Avec la division sœur, elle avait supporté vaillamment le choc de la ruée allemande à Dinant, le 15 août 1914, et à Guise les 29 et 30 août. A côté de la 1ʳᵉ, elle avait, à la Marne, combattu à Esternay les 6 et 7 septembre, et à Montmirail, le 8 septembre, attaqué à Mesnil-les-Hurlus à la fin de février et au commencement de mars 1915, bloqué pour un temps l'avance boche lors de l'attaque sur Verdun, à Bras, et à la côte du Poivre, dans la nuit du 25 au 26 février ; participé enfin à la prise de Combles, en septembre 1916.

Ses régiments, les 8ᵉ (Lt-Colonel Duffour) et 208ᵉ (Lt-Colonel Joly) de Saint-Omer, le 110ᵉ (Lt-Colonel Rollet) de Dunkerque, étaient, comme ceux de la 1ʳᵉ D. I., à vieux fonds de recrutement du Nord.

C'était une fort belle unité.

La 51ᵉ division (général Boulangé) — 33ᵉ (Lt-

Colonel Partiot), 73e (Lt-Colonel Truffert) et 273e (Lt-Colonel Colin) était également une division du Nord ; le 33e était d'Arras, le 73e et le 273e de Béthune.

Elle avait fait ses preuves à Dinant, le 23 août 1914 ; à la Marne, elle s'était battue à Sézanne ; en Artois, en juin 1915, elle avait enlevé Hébuterne ; du 21 au 26 février 1916, elle supportait l'assaut allemand sur Verdun, entre Ornes et le bois des Caures ; sur la Somme, du mois de juillet au 18 octobre 1916, elle participait à quatre attaques, dans la région de Lyons et de Vermandovillers. Le 16 avril 1917, enfin, elle montait elle aussi à l'assaut du plateau de Craonne.

C'était également une division de premier ordre.

Quant à la 162e division que commandait le général Raucher, auquel devait succéder le 15 septembre le général Messimy, c'était une division de formation récente. Les régiments qui la composaient, le 43e de Lille, (Lt-Colonel Carot), le 127e (Lt-Colonel Pravaz) et le 327e (Lt-Colonel Dauvergne) de Valenciennes, n'avaient guère encore combattu tous trois réunis, mais c'étaient d'excellents régiments. Les deux premiers en particulier, le 43e et le 127e qui constituaient la 1re brigade s'étaient illustrés en Belgique à Saint-Gérard en août 1914 et avaient eu depuis de nombreuses pages glorieuses, notamment à Verdun, à la Côte du Poivre en mars 1916, et dans la Somme à Maurepas, au Forest, à Frégicourt et au Priest en septembre et octobre 1916.

En résumé, c'était une infanterie d'élite que le haut commandement avait confiée au général commandant la 1re Armée.

****

Cette infanterie, il l'appuya d'une artillerie formidable.

Sur ce front de 7 kilomètres à peine, dans lequel le secteur d'attaque n'excèdait pas 2.450 mètres, le général Anthoine avait à sa disposition 893 pièces de tous calibres. Une pièce tous les 2 m. 50 !

Jamais pareille densité d'artillerie n'avait été accumulée ! C'étaient d'abord, 60 batteries de 75, c'est-à-dire 240 canons ; puis une artillerie de tranchée abondante : 214 pièces de 58, 8 de 75, 12 de 150, 43 de 240, au total 277 pièces.

D'artillerie lourde, il y avait d'une part, 164 pièces d'artillerie lourde courte, obusiers et mortiers à trajectoire courbe, destinés, comme l'artillerie de tranchée, à la destruction des organisations défensives : 155, 220 ; 8 pouces anglais, 270, 280 ; d'autre part, 148 pièces d'artillerie lourde longue, canons de 105, 120, 155 destinés à la contre-batterie et aux interdictions.

Pour les tirs sur les gares ou les nœuds de route importants ainsi que les destructions d'abris contre lesquels le 220 et le 270 sont impuissants (1), 64 pièces d' A. L. G. P. étaient en batterie, dont 2 pièces de 305, 16 pièces de 320 et 4 de 370.

Au total c'était, pour un front de combat de 2.450 mètres, 893 pièces de tous calibres.

****

Enfin, l'armée possédait encore une aviation puissante : trois groupes de_combat : les groupes

---

(1) Par exemple, les abris de bombardement établis dans les caves de Bixschoote, ou des blockhaus particulièrement solides comme celui de Papegoed. (Voir plus loin.)

N° 11, 12 (1) et 13 ; 2 escadrilles de bombardement, 1 escadrille d'armée pour les reconnaissances ; 1 escadrille d'armée pour l'A. L. G. P. ; 1 pour chacun des deux groupements d'artillerie lourde longue qui avaient été organisés, artillerie lourde longue nord et artillerie lourde longue sud ; et de plus, une escadrille de renforcement.

Sept ballons d'observatoire d'autre part — sept « saucisses » comme disaient les poilus, complétaient cet ensemble.

Les moyens, comme l'on voit, étaient sérieux.

---

(1) C'est à ce groupe n° 12, qu'appartient la fameuse escadrille Spa-3, dite des « Cigognes », l'escadrille de Guynemer, Heurteaux et Fonck.

CHAPITRE V

Les forces allemandes.

Le front ennemi contre lequel allaient porter les attaques de la 1re Armée française était occupé par des unités dépendant de la IVe Armée allemande. Cette armée était sous les ordres du général Sixt von Arnim, dont le chef d'Etat-Major se trouvait être depuis peu de temps le colonel von Lossberg ; elle faisait partie du groupe d'armées du Kronprinz Rupprecht de Bavière.

Au moment où le général Anthoine s'installait à Rexpoede, l'occupation du secteur allemand entre Drie-Grachten et Boesinghe était une occupation de secteur calme.

Comme infanterie, nous avions devant nous, du nord au sud : le 385e régiment de landwehr, depuis Drie-Grachten jusqu'à la Maison du Passeur ; le 383e régiment de landwehr, de la Maison du Passeur à Steenstraat ; le 34e régiment de réserve, de Steenstraat à la sortie nord de Boesinghe ; enfin, un bataillon du 388e landwehr devant le château de Boesinghe jusqu'au pont du chemin de fer .

Au total, dix bataillons — échelonnés en profondeur et ne consacrant que fort peu de monde à la garnison des premières lignes.

Le 385e landwehr n'engageait, de Drie-Grachten à la Maison du Passeur, que trois compagnies ; le 383e landwehr, entre la Maison du Passeur et Steenstraat que deux compagnies; le 34e de réserve occupait le front Steenstraat — sortie nord de Boesinghe avec le même effectif ; enfin le bataillon du 388e landwehr ne devait avoir aligné

qu'une compagnie devant le château de Boesinghe jusqu'au pont du chemin de fer, sans toutefois qu'on puisse l'affirmer, mais l'hypothèse est
des plus vraisemblables.

Les premières lignes, sur ce front de 4 kilomètres, étaient donc tenues par huit compagnies.
Une compagnie pour 500 mètres de front ! Si
l'on songe que l'effectif de tranchée de chacune
de ces compagnies n'excédait pas 80 à 100 hommes, on voit que les tirailleurs n'étaient pas au
coude à coude sur les banquettes de tir.

Dans nos secteurs calmes, c'est également ainsi
que nous procédions : une compagnie par
500 mètres de front en première ligne. Si l'on
tient compte des hommes distraits pour les néces-
sités du service, corvées ou liaisons, l'on avait
dans ce genre de secteurs, un homme au cré-
neau tous les dix mètres.

Ces troupes encore étaient analogues à celles
que nous aurions utilisées en pareil cas.

En pareil cas, c'est-à-dire dans un secteur con-
sidéré comme de tout repos, nous eussions occupé les lignes avec des territoriaux et des divisions fatiguées.

Ici, il en allait de même.

Le 385ᵉ ldw., le 383ᵉ ldw., le 388ᵉ ldw. étaient
les trois régiments de la 19ᵉ D. L. que commandait le général-major prince Henri XXX de
Reuss (1).

____

(1) Avec la 20ᵉ division de Ldw., elle constituait le
groupe de Dixmude sous les ordres du lieutenant-général
Chasles de Beaulieu.

Cette division avait été formée à la fin de septembre 1916 à l'aide d'éléments prélevés sur des bataillons de landsturm — en majorité Saxons — stationnés en Belgique. C'est dire que la majorité des hommes étaient de classes anciennes ; de fait, les deux tiers avaient plus de quarante ans.

Unités tout à fait comparables à nos territoriaux.

D'ailleurs, — sauf une compagnie de mitrailleuses du 388e régiment, (2) ils n'avaient jamais quitté ce secteur.

Quant au 34e régiment de réserve (recrutement IIe Région: Stettin-Bromberg), il appartenait, lui, à une division ayant certes une valeur militaire supérieure — bien que son moral ne fut pas très élevé — la 80e division de réserve, mais qui avait encore besoin de respirer.

Elle avait, en effet, en avril-mai 1917, subi les conséquences de la défaite qui avait fait perdre le 9 avril la crête de Vimy aux forces allemandes. Obligée de se replier sur la ligne Méricourt-Avion en exécutant des contre-attaques, ses pertes avaient été des plus sérieuses. Plusieurs de ses compagnies, si l'on en croit une lettre provenant d'un homme de la sturmschule (Centre d'instruction) de la division (3) auraient été réduites à 30 ou 40 hommes.

Le 16 mai, elle avait été envoyée au repos dans la région de Gand. Elle y était restée jusqu'au 28 mai, et y avait été vraisemblablement reconstituée. Maintenant — selon une pratique également usitée dans notre armée — on lui faisait repren-

---

(2) Envoyée en renfort de la 2e division, lorsque celle-ci fut engagée dans la bataille de Messines (7 juin).

(3) Lettre citée dans le *Bulletin de Renseignements* de la Ire Armée. (N° 10, du 30 juin 1917.)

dre l'air du front en la mettant dans un secteur calme.

*
* *

Quant à l'artillerie, sa densité était, proportionnellement, plus considérable que celle de l'infanterie. En général les Allemands dégarnissaient assez peu d'artillerie leurs fronts calmes.

Depuis le début de l'année 1917, les modifications qu'ils avaient apportées ici à leur dispositif avaient consisté moins en une diminution qu'en une répartition différente. On avait vu décroître le nombre des batteries situées autour de Beerst, c'est-à-dire au nord du canal de Dixmude à Handzaeme, et s'augmenter au contraire celui des batteries groupées autour de Merckem et de Bixschoote, prêtes à interdire par leurs barrages toute tentative de traversée du canal.

Diminution d'hommes, augmentation de matériel.

Excellent système pour avoir un maximum de sécurité tout en économisant ses divisions.

Quel était le nombre de ces batteries ? Il est fort difficile de le préciser.

Les batteries particulièrement affectées à la défense de notre front comprenaient non seulement les groupes de Merckem et de Bixschoote signalés plus haut et qui eux se trouvaient dans la zone des deux premières lignes ennemies, mais encore celles situées en arrière de cette deuxième ligne, c'est-à-dire, du nord au sud les batteries en position : 1° en avant de la crête de Clerken ; 2° au nord du Corverbeek, à la lisière ouest de la forêt d'Houthulst ; 3° dans la région de Mangelaere au sud de la forêt d'Houthulst ; 4° enfin, dans la vallée du Broenbeck.

A combien évaluer ces emplacements ?

Les moyens que nous avions de les déterminer ne pouvaient donner qu'une approximation.

Ils étaient au nombre de trois : la S. R. O. T. (Section de Repérage par les Observatoires Terrestres), la S. R. S. (Section de Repérage par le Son), et la photo aérienne.

La S. R. O. T. consistait en une organisation de postes d'officiers observateurs qui essayaient de repérer et situer sur un plan directeur les batteries dont ils apercevaient les lueurs. On a vu plus haut combien était difficile sur ce terrain des Flandres l'observation terrestre.

La S. R. S., elle, est une des merveilleuses inventions de cette guerre, dans laquelle les créations les plus ingénieuses de l'esprit scientifique ont pu trouver leur emploi.

Guerre du XX⁰ siècle ; guerre de savants, en même temps que de soldats et de stratèges.

La S. R. S. n'a pas encore atteint tout son développement. Elle a encore des progrès à faire. D'autre part, c'est un procédé encore secret. Qu'il nous suffise donc d'en exposer ici le principe. Les ondes sonores émises par les batteries en action : onde de bouche, — c'est-à-dire provoquée par le départ du coup —, et onde d'éclatement — c'est-à-dire provoquée par l'explosion du projectile —, étaient enregistrées par des postes récepteurs placés au nombre de cinq sur le front de l'armée. Ces postes transmettaient les indications perçues à un poste central, où elles s'inscrivaient en lignes diversement ondulées sur une feuille de papier enduite de noir de fumée. L'étude de ces lignes permettait de déterminer l'emplacement des batteries en action. Le grand inconvénient du procédé était que les ondes sonores ne pouvaient être enregistrées quand il y avait un vent violent soufflant vers les lignes ennemies.

Enfin le troisième moyen était la photographie aérienne. Nos opérateurs obtenaient entre 3 et 4.000 mètres (lorsqu'il n'y a pas entre eux et la terre de nuages interposés) des photographies d'une merveilleuse netteté, où le moindre entonnoir d'obus, le moindre fossé, le retranchement le plus faiblement ébauché étaient visibles.

Nous en avons vu même prises à 6.000 mètres au-dessus de Calais par un officier allemand qui tomba dans nos lignes, et où l'on eût compté les maisons.

On comprend combien ce procédé était utile pour repérer les emplacements de batteries, quelque fût d'ailleurs la perfection du camouflage.

Ce sont les recoupements des indications données par ces différents systèmes qui permettaient de déterminer avec une approximation suffisante les positions des batteries avec lesquelles nous allions avoir à compter.

Une centaine avaient été signalées en activité pendant le mois de juin : 63 dans la zone des deux premières positions boches, (17 dans la région de Merckem, 46 dans celle de Bixschoote jusqu'à la route de Pilkem à Langemarck) ; 37 à 38 au delà de la deuxième position (7 en avant de la crête de Clercken, 2 ou 3 au nord du Corverbeek à l'ouest de la forêt d'Houthulst, 18 dans la région de Mangelaere, au sud du Corverbeek, et 10 dans la vallée du Broenbeek).

Il va sans dire qu'à côté de ces positions occupées, puisque vues en activité, d'autres étaient aménagées, — une centaine croyait-on.

C'est ainsi que dans la région Bixschoote-Saint-Janshoek-Langemarck-Pilkem où l'on ne signalait que 46 batteries, d'autres, en nombre à peu près égal, ne tiraient pas.

***

L'étude sur photographies d'avions de ces 90 positions donnait d'ailleurs d'intéressants renseignements.

On voyait que cinquante d'entre elles étaient de toute certitude puissamment casematées. Et sur ces cinquante, vingt-cinq au moins étaient bétonnées.

Après l'attaque, on put se rendre compte de la puissance de ces abris. Dans certains, les canonniers étaient protégés au-dessus de leurs têtes par une épaisseur de plus de 1 m. 50 de béton. En dehors du coup d'embrasure, toujours fort rare, on peut dire qu'ils ne risquaient rien.

Quoi qu'il en soit, dès les premières études sérieuses, il était évident que le travail de contre-batterie serait fort difficile.

***

Comment étaient armées ces casemates ?

Et tout d'abord, on remarquait que beaucoup d'emplacements ne se dévoilaient que par le tir d'une seule pièce. Il était par conséquent impossible de conclure du nombre de positions vues en activité au nombre de batteries, lequel devait être notablement inférieur.

Mais ce que l'on pouvait connaître par l'observation des tirs c'était la proportion des différents calibres.

Or cette étude amenait cette constatation intéressante, que les canons de campagne (de 77 m/m) ne semblaient entrer que pour un tiers dans la composition des batteries allemandes ; un autre tiers était constitué par des canons et des obusiers de 105 m/m sensiblement en nombre égal (1) ; et le dernier tiers de pièces d'un calibre supérieur : obusiers de 150 m/m et de 130 m/m.

Les organisations défensives boches étaient donc défendues par 250 à 300 pièces environ (2), dont plus de 150 de calibre moyen, (105 m/m, 130 m/m et 150 m/m), c'est-à-dire, vu le peu d'étendue du front dont il s'agit, par une puissante artillerie.

D'autre part, quatre pièces de 150 m/m de marine et deux de 240 m/m avaient été reconnues à la corne sud-est de la forêt d'Houthulst, entre Veldhoek et la voie ferrée d'Ypres-Thourout.

Enfin des travaux pour pièces de très gros calibres avaient été faits ou étaient en cours d'exécution à Wynendaale, à Engel, à Leugenboom ; cette dernière pièce, du calibre de 380 m/m, devait fâcheusement plus tard manifester son existence aux dépens de Dunkerque.

Ces batteries étaient pourvues — comme il était accoutumé dans les lignes allemandes — de nombreux observatoires.

N'oublions pas que dans le secteur qui nous occupe, les Boches possédaient les hauteurs et que, suivant leur pratique courante, toute position donnant de bonnes vues recelait un observatoire : en première ligne ils se servaient de périscopes émergeant d'un abri à l'épreuve ; en deuxième ligne ils avaient aménagé des casemates bétonnées très solides, avec périscopes et logement pour le personnel, ou bien des arbres camouflés.

---

(1) Proportion anormale. Il se peut d'ailleurs que l'on ait confondu avec le canon de 105 m/m, les canons de 77 m/m tirant le nouvel obus explosif à grande capacité (900 grammes) et dont la portée avait été augmentée par l'emploi de nouveaux affûts. (Voir *B. R.* du 5 juillet 1917.)

(2) On peut compter la majorité des positions actives occupées par deux ou trois pièces, quelques-unes par quatre ou même par une seule.

Enfin le secteur disposait d'une aviation relativement nombreuse.

On avait identifié 17 escadrilles se décomposant comme suit : cinq escadrilles de chasse (Jagdstaffeln) à 18 appareils (1) : une à Ghistelles, les autres plus au sud, dans la région d'Halluin ; cinq escadrilles de bombardement (Kampstaffeln) à 7 tri-places bi-moteurs Gotha chacune : trois aux environs de Gand, à Saint-Denis-Westrem, et deux à Gontrode ; quatre escadrilles de reconnaissances (Fliegerabteilungen) pour les photographies, réglages, liaison d'infanterie, à 6 appareils chacune: une à Aertryck, une à Handzaeme, une à Rumbeke, la dernière (peut-être ?) à Moorslede ; enfin une escadrille d'hydravions à Zeebrugge-Ostende (Seeflieger-Abteilung), et deux de marine (Landfliegerabteilung) une à Ghistelles et Mariakerke, une à Houttave et Wytkerque (Blankenberghe).

Mais outre ces escadrilles connues, il en était d'autres dont on soupçonnait l'existence. Tout au moins on connaissait environ une vingtaine d'autres terrains d'aviation que ceux que nous venons de citer, dont une douzaine au minimum devaient être occupés.

Comme complément de cette organisation, une « station de brouillage de messages d'avions » était constituée pour intercepter et « brouiller » les messages envoyés au moyen de la T. S. F. par nos propres avions (2).

---

(1) C'est le nombre normal ; peut-être n'était-il pas atteint.

(2) Voir le détail de ce service dans le *B. R.*, n° 24.

CHAPITRE VI

L'Organisation défensive allemande [1]

Voyons maintenant comment l'ennemi avait aménagé ses organisations défensives.

Tout d'abord le canal de l'Yser le protégeait d'un premier rempart constituant, à lui seul, un obstacle peu aisé à franchir.

C'était une sorte de fossé de 50 à 60 mètres de large par endroits, de 20 à 30 dans d'autres. L'écluse d'Hetsas le divisait en deux parties : au nord, il contenait de deux à trois mètres d'eau ; au sud, c'était une cuvette marécageuse au fond de laquelle ne coulait à la fin de juillet 1917 quand se produisit la première attaque, qu'un assez mince filet d'eau.

A l'est du canal, entre la rive et la forêt d'Houthulst où s'abritaient des cantonnements et aussi des batteries, les Allemands avaient organisé deux positions comprenant chacune plusieurs lignes fortifiées.

La première position ennemie.

La première position défendait les abords mêmes du canal. Elle comprenait tout d'abord une première ligne de tranchées et de blockhaus s'appuyant au nord aux ouvrages de Drie-Grachten.

Drie-Grachten — en flamand les « trois fossés »

---

(1) Voir *B. R.* de la Iᵉ Armée à partir du 20 juin 1917, en particulier du 3 août 1917 (N° 44), qui reproduisit un plan directeur allemand au 1/20.000ᵉ trouvé dans la région de Bixschoote.

— est situé au confluent de l'Yperlé et du canal de l'Yser. Le canal y faisant un léger coude, et l'Yperlé s'y jetant à angle droit, Drie-Grachten semble, en effet, être au point de jonction de trois fossés-pleins d'eau. La chaussée de Noordschoote y aboutit et se prolonge au delà jusqu'à Luyghem. Seule voie d'accès à travers l'inondation, cette chaussée était battue d'enfilade par une sorte de demi-lune formant tête de pont, et d'écharpe par une tranchée longeant la rive orientale du canal de chaque côté du pont.

L'ensemble des ouvrages de Drie-Grachten fournissait une ligne de feu de 400 mètres environ, pourvue d'abris de mitrailleuses et de vingt-sept blockhaus en béton pouvant contenir plus de trois cents hommes. Ces blockhaus mesuraient la plupart de 3 à 4 mètres de long sur 2 m. 50 de large, avec une épaisseur de béton d'environ 1 mètre au-dessus du plafond des chambres. Ils étaient coffrés à l'intérieur, et le béton, en général armé, était encore parfois renforcé de rails aux impostes.

Entre les blockhaus couraient des courtines construites avec des plaques de béton et garnies de banquettes de tir également en béton. Quelques-unes, toutefois, étaient simplement faites de sacs à terre.

Par derrière, ménageant un chemin de ronde, un gabionnage formait parados.

C'était donc là une organisation fort solide.

Elle était comme le bastion avancé d'un autre groupe d'ouvrages établis un kilomètre environ en arrière autour de Luyghem, ouvrages auxquels elle était reliée par la chaussée en remblai allant de Drie-Grachten à Luyghem. Dans cette chaussée était pratiquée sur le côté nord un *chemin couvert* abritant une voie de 0 m. 60. Le côté sud était réservé à la circulation. Des doubles pare-éclats établis d'abord en gabionnages, puis bétonnés, y constituaient de place en place des abris en cas de bombardement.

Le point d'appui de Luyghem, déjà défendu par l'inondation, était au surplus si puissamment organisé qu'on ne songera pas à l'enlever de face ainsi que la suite de ce récit le montrera. On s'emparera tout d'abord de Drie-Grachten, et on n'abordera Luyghem qu'ensuite, par le sud-est, en venant de Merckem.

Ce point d'appui de Luyghem comprenait neuf petits ouvrages disposés suivant un demi-cercle de 1.200 mètres de rayon environ, face à l'ouest. Ces petits ouvrages, se flanquant mutuellement, interdisaient tout accès par l'ouest. Entre les ouvrages étaient organisées des tranchées discontinues fournissant des éléments de tir. Le tout était protégé par un double et triple réseau de fils de fer barbelés.

En arrière et perpendiculairement aux ouvrages, deux tranchées faisaient face au nord-est jusqu'à la rive ouest du lac de Blankaart : la « tranchée de la Potence » et la « tranchée du Canard » (1) ; tandis qu'au nord-ouest quelques fermes isolées en bordure de l'inondation constituaient la défense avancée.

Cet ensemble d'ouvrages avait pour réduit le carrefour de Luyghem, réduit dont une redoute, la « redoute de la Fève », ouvrage fermé entouré d'un réseau de fils de fer, défendait la gorge.

Au sud, ce point d'appui de Luyghem était relié à celui de Merckem (constituant la deuxième position de défense du secteur), par une tranchée d'intervalle, le « boyau isolé ».

---

(1) Les noms donnés aux tranchées ici sont les noms qu'elles portent sur les plans directeurs français, noms que leur assignaient les officiers de nos canevas de tir. De là leur fantaisie.

Nous y reviendrons quand nous étudierons la seconde position.

*
* *

En amont du confluent constitué par le Martjevaart et le canal de l'Yser, la première organisation défensive se continuait, à partir de Drie-Grachten, le long de la presqu'île de Poesele, c'est-à-dire de la langue de terre herbeuse s'étendant entre le Martjevaart et le canal de l'Yser au nord-ouest de la route de Steenstraat à Dixmude.

Les plans directeurs allemands appelaient cette première ligne « *Hansa-Linie* » ; les nôtres, successivement du nord au sud : « tranchées du Congo », du « Chancelier » et de « Stampkot ».

Elle couvrait son front par le canal de l'Yser.

Elle comprenait une série de fermes en ruines, organisées en caponnières, dont les murs troués et les toitures détuilées camouflaient en général un blockhaus de béton armé.

*
* *

Il nous faut donner ici quelques détails sur ces blockhaus.

Ils consistaient en un bloc de béton de dimensions variables, en général de 5 à 6 mètres de long sur 2 m. 50 à 3 mètres de hauteur quelquefois moins, comme nous avons vu pour ceux de Drie-Grachten. Il y en avait, en effet, de toutes les dimensions. L'abri de Papegoed, par exemple, le plus vaste à notre connaissance, mesurait 30 mètres de long environ, sur près de 11 mètres de large. Il est vrai que cet abri n'était pas, originairement, destiné à être organe de fortification. C'était un P. C., vraisemblablement le poste de commandement du général de division ou de son général commandant l'artillerie.

Ces blockhaus de béton contenaient de petites chambres en nombre variable, deux, quelquefois trois, quelquefois plus encore. Celui de Papegoed en contenait huit. Chaque chambre avait une entrée particulière. En général, il n'y avait pas de communication directe entre elles, afin de limiter les pertes, au cas où l'abri recevrait des obus de gros calibre.

Ces petites chambres, de 3 à 4 mètres de longueur sur 2 m. 50 de largeur et 1 m. 40 à 1 m. 60 de hauteur (6 à 7 mètres de long sur 3 mètres de large à Papegoed), prenaient jour soit par la porte, soit par une embrasure carrée d'un peu plus de 0 m. 50 de côté et ouverte vers l'est.

A l'ouest, c'est-à-dire du côté français, ne s'ouvraient que les créneaux de tir.

Mais les Allemands avaient construit d'autres abris ne comportant pas de créneaux. La mitrailleuse, au lieu d'être servie à l'intérieur, était servie à l'extérieur de l'abri, sur une plate-forme supérieure. A cet effet, un balcon en béton large de 0 m. 80 environ et muni d'un garde-fou, courait tout le long de la face arrière de l'abri. C'est là que se tenaient les servants. Debout, sur ce balcon, ils actionnaient la mitrailleuse fixée sur un pivot qui permettait de la pointer dans toutes les directions. Chaque abri de ce modèle était pourvu de 3 à 4 de ces pivots. Lorsque la mitrailleuse n'était pas utilisée, elle était placée, non pas à l'intérieur de l'abri, mais dans une grande niche ménagée dans la face postérieure. D'autres niches plus petites contenaient des munitions. Ce dispositif permettait de mettre la mitrailleuse en batterie dans le minimum de temps.

Toutes ces niches, ainsi que les portes, étaient fermées d'épais volets, garnis extérieurement de plaques d'acier de cinq millimètres. Les fenêtres de l'abri étaient ébrasées obliquement dans la masse du béton pour garantir l'intérieur contre les éclats et les balles ; elles étaient garnies de deux treillages de fil de fer afin d'arrêter les grenades à main.

Tels quels, ces blockhaus étaient reliés de tranchées continues garnies de mitrailleuses et de minenwerfer.

*
* *

A la hauteur de la Maison du Passeur et sur une longueur de 700 mètres environ vers le sud-est, cette première ligne se doublait d'une seconde tranchée et se rapprochait, à la « Ferme du Lance-Bombes », jusqu'à 100 mètres environ du canal.

Mais elle s'en éloignait bientôt de nouveau, et en avant du pont de Steenstraat, elle en était à environ 400 mètres.

Aussi l'avait-on doublée en bordure même du canal par une tranchée défendant directement le passage, tranchée qui se prolongeait vers le sud jusqu'à Boesinghe et au delà. Les Allemands la désignaient sous les noms successifs de « Preussen », puis « Sachsen-Graben » ; nos plans directeurs sous ceux de : « tranchée de Steenstraat », « tranchée de l'écluse » et « tranchée du canal ».

La digue du canal y avait été aménagée en tranchée de tir profonde avec des blockhaus en béton armé, semblables à ceux décrits plus haut, le tout abondamment pourvu de mitrailleuses et de canons de tranchée.

De plus, la berge du canal avait été garnie de chevaux de frise.

*_**

Cependant la première ligne de défense que nous étudiions tout à l'heure, et que nous avions laissée au point où elle était à 400 mètres du canal, la « Hansa-linie » « tranchée de Stampkot », se prolongeait au delà de la route de Steenstraat à Dixmude par une tranchée continue s'éloignant de la ligne du canal au fur et à mesure qu'on avançait vers le sud jusqu'à en être à certains endroits à près d'un kilomètre.

Ici les Boches l'appelaient tranchée « Prinz Heinrich » et tranchée « Graf Tauentzien » ; nos plans directeurs la désignaient des noms de : tranchée « du triangle », tranchée « Pompadour » et tranchée « verte ».

Elle comprenait de nombreux abris bétonnés, des organes de flanquement pour mitrailleuses, et dominait le canal de 10 à 15 mètres.

Un double réseau de fils de fer, triplé en certains endroits, la couvrait.

A mi-chemin à peu près entre la route de Steenstraat et le chemin de fer d'Ypres à Thourout, un ouvrage, l'ouvrage « Elliptique » à cheval sur la partie de la tranchée désignée sous le nom de tranchée « Pompadour » la renforçait.

Entre elle et la « tranchée du canal », dans un bois, le bois 14, on avait placé des mitrailleuses.

Enfin pour traverser l'intervalle séparant ces deux lignes, intervalle assez difficile à franchir par suite d'un sol boueux, les Boches avaient creusé des boyaux, bien entretenus, certains aménagés pour devenir au besoin tranchées de tir, comme par exemple le « boyau du Fortin », allant du « fortin Vauban », devant l'écluse d'Hetsas, à la ferme Charpentier, blockhaus situé à proximité de la tranchée à 150 mètres au nord-ouest de l' « Ouvrage Elliptique » et qui était garni de réseaux de fils de fer de part et d'autre.

Pratique en usage également chez nous.

*
* *

Cette première position défensive était complétée par une dernière ligne de défense, qui, organisée à une distance variant de 2 à 500 mètres de la précédente dans la presqu'île de Pœsele et à l'ouest de Bixschoote, s'en écartait brusquement au sud de ce point pour en arriver à en être éloignée de 4 kilomètres au delà de la voie ferrée Ypres-Thourout où elle contournait Langemarck par le nord.

Dans la presqu'île de Pœsele où les Allemands l'appelaient « Lutzow Linie » et nous : « Tranchée du Gouverneur », elle comprenait des éléments de tranchées discontinus, s'adossant à l'inondation du Martjevaart, renforcés de blockhaus en béton installés ici encore dans les ruines des fermes éparses et protégé par un réseau complet de fils de fer.

A partir de Smiske Cabaret, la tranchée était continue. Elle était désignée par les Boches des noms de « Querriegel Stellung » et par nous du nom de « tranchée des Coquelicots » puis de « tranchée Kortekeer » (1), traversait le Loobeek et le Saint-Jansbeek, au delà duquel lui était donné par les Boches le nom de « Wijdendrift Stellung », puis « Kœkuit Stellung » et par nous « tranchée de Montmirail » et puis de « tranchée de Weidendreft ».

Depuis Smiske Cabaret, cette ligne protégée de réseaux de fils de fer denses, renfermant de nom-

______

(1) Elle passait au sud du cabaret de ce nom, à 1 kilomètre environ à l'est de Bixschoote.

breux abris pour mitrailleuses ou petits canons de flanquement apparaissait très solide, surtout au delà de Saint-Jansbeek. C'est là que les réseaux étaient les plus nombreux.

Dans la presqu'île de Pœsele, elle était reliée à la tranchée de première défense par des boyaux bien entretenus qui prolongeaient vers le nord-est, en direction de Merckem et de Hœkske des passerelles franchissant l'inondation du Martje-vaart.

*
* *

Au delà de Smiske-Cabaret entre la tranchée Kortekeer et la seconde ligne de défense le terrain était assez couvert. On y trouvait des bois de quelque étendue : bois Triangulaire, bois 16, bois 15, bois de l'Abri, de nombreux emplacements de batteries casematées entourées de réseaux de fils de fer, et pouvant devenir des nids de mitrailleuses redoutables.

Enfin, sur la gauche, devant les tranchées de Montmirail et de Weidendreft, coulait le Saint-Jansbeek-Steenbeek, ruisseau large de quatre à six mètres, mais nécessitant par suite de sa profondeur — inégale d'ailleurs — des passerelles pour le franchissement. Obstacle difficile.

La deuxième position.

Cette première position, garnie de mitrailleuses, de blockhaus bétonnés, de solides réseaux de fils de fer, était donc une défense des plus sérieuses.

Elle était doublée, derrière le Martjevaart-Saint-Jansebeek et le Kortebeek petit affluent du Saint-Jansbeek, d'une seconde position soigneusement organisée, moins fortement toutefois que la première.

Trois lignes la constituaient, tout au moins dans la partie au nord de Corverbeek, — affluent de droite du Martjevaart issu de la forêt d'Houthulst.

La première ligne, partant du réduit de Luyghem, entourait vers le sud-ouest le Château et le village de Merckem, gagnait les villages de Hœkske et de Langewaade, puis suivait la rive droite du Saint-Jansbeek et du Corverbeek. C'était jusqu'au confluent avec le Corverbeek : la « Merckem Linie » que nos plans directeurs appelaient : « boyau Isolé », « tranchée de Merckem », « tranchée des Poissons », « tranchée des Bois ». Au delà du Corverbeek, elle prenait le nom de « Wilhem Stellung », (chez nous « tranchée du Laminoir ») jusqu'à un point désigné sur nos plans directeurs sous le nom de « Carrefour de Mantoue ».

Partout elle était protégée par l'inondation ou le marécage : inondations du Martjevaart, cours du Saint-Jansbeek, du Corverbeek et prairies marécageuses en bordure. Toutefois passée le carrefour de Mantoue, elle paraissait peu fortement organisée. Sur la rive droite du Broenbeek, il n'y avait que quelques réseaux de fils de fer. Il est vrai que, sur la rive gauche du Broenbeek, se déployaient en cet endroit la tranchée de Montmirail et celle de Weidendreft, (de la première position).

La seconde ligne, à laquelle les Allemands avaient donné le nom de « Brabant Linie », et nous celle de « tranchée de Kwaebeek » puis de « tranchée du Tour », partait du château de Blankaart, gagnait Aschhop et la ferme Jesuitengoed laquelle paraissait très fortement organisée, puis se dirigeait à l'est vers le Corverbeek.

D'autre part, sur la rive gauche du Martjevaart-Saint-Jansbeek des réseaux serrés et continus que

les Allemands appelaient « Jager Riegel » partaient de Smiske Cabaret et allaient jusqu'au confluent du Corverbeek, constituant ainsi, devant
cette seconde position, une sorte de tête de pont
qui défendrait le passage du Saint-Jansbeek au
cas où la première position serait enlevée.

Les Allemands semblaient — dans cette hypothèse — vouloir tenir sur la rive droite du Corverbeek, car, sur la rive gauche, en arrière de
la « Wilhelm Stellung » (« tranchée du Laminoir »), il y avait très peu de travaux : un seul
réseau — discontinu — à la lisière sud de la
forêt d'Houthulst.

La troisième position.

Sur la rive droite du Corverbeek, en arrière de
la « Merckem Linie » et de la « Brabant Linie »,
était organisée une troisième ligne, qui, partant
de Clercken, suivait la lisière ouest de la forêt
d'Houthulst en passant par Melaene, se prolongeait ensuite le long du Corverbeek. Elle utili-
sait le bois Papegoed lequel abritait comme nous
l'avons vu plus haut, un blockhaus pouvant contenir une compagnie.

*
* *

Telle était l'économie générale des positions fortifiées que la Iʳᵉ Armée avait à enlever.

Si l'on ajoute à cela les difficultés d'un terrain
que quelques pluies transforment en un véritable
bourbier, on comprend combien était ardue la
tâche de l'armée du général Anthoine.

Il ne faudra pas moins de cinq attaques succes-
sives : les 31 juillet, 16 août, 22 octobre, 26 et
27 octobre, pour que nos troupes entament cette
« Clercken Stellung », dont nous venons de parler, dernière position avant d'arriver à la position
Hindenburg qui, ici, portait le nom de « Flanderstellung ».

L'Organisation des arrières ennemis.

L'organisation des arrières ne le cédait en rien à l'organisation des positions défensives.

Le ravitaillement de l'armée allemande pouvait utiliser un remarquable réseau de voies ferrées.

Ce réseau comprenait essentiellement les deux grandes lignes à double voie : Ostende-Bruges-Gand, et Ostende-Thourout-Roulers ; puis, se branchant à Lichtervelde sur cette dernière ligne, la ligne à voie simple de Cortemarck qui, un peu au delà de cette gare, se gémine et lance une de ses branches vers Dixmude et l'autre vers Langemarck.

Ces lignes, les Allemands les entretenaient en parfait état, en tiraient un rendement maximum, les utilisant jusqu'à faible distance du front.

Ils avaient complété ce réseau par trois voies normales, la première d'Ostende à Middelkerke ; la seconde de Zarren (sur la ligne Cortemarck-Dixmude) à Prediktboom ; la troisième de Zarren à une gare de triage installée à la lisière ouest de la forêt d'Houthulst.

Mais ce n'avaient été là que des travaux préliminaires.

Ces lignes, ils les avaient utilisées comme les artères principales d'un réseau considérable de voies de rocades à écartement d'un mètre, et de voies de 0^m,60.

Des gares avaient été considérablement agrandies, certaines créées de toutes pièces : Engel, Thourout, Lichtervelde, Gits, Roulers, sur la ligne Ostende-Courtrai ; Cortemarck, Hanzaeme, Zarren, Eessen sur la ligne Thourout-Dixmude ; Staden et Wifwege sur le branchement Cortemarck-Langemarck étaient devenus de vastes gares, où se raccordaient aux voies normales les voies métriques et les voies de 0^m,60 ; gares abondamment pourvues de matériel, de quais de déchargement et de stockage, de voies de garage, de baraquements, de dépôts de munitions, etc...

Partant de Wifwege, une voie normale avait été construite aboutissant à l'importante gare de triage dont nous parlions plus haut, aménagée en lisière de la forêt d'Houthulst, d'où les matériaux, les munitions, les approvisionnements de toutes sortes étaient transbordés et dirigés par voie métrique vers Houthulst, Jonkershove et Bixschoote.

Une grande transversale nord-sud raccordait tous les terminus de ces différentes lignes : Ostende-Leke-Reyem-Dixmude-Merckem.

Les voies de 0^m,60 avaient été mutipliées. Pas de parc de pionniers, pas de batterie lourde qui n'ait été pourvu de sa voie de 0^m,60.

Dans certaines unités, la voie de 0^m,60 était utilisée pour le transport aux tranchées mêmes des repas chauds préparés dans les cantonnements de repos.

Enfin, la majorité des cantonnements ou camps sous baraques étaient desservis par des chemins de fer à voie d'un mètre.

DEUXIÈME PARTIE

La Préparation.

CHAPITRE PREMIER

L'Équipement d'un front d'attaque.

C'était le samedi 16 juin 1917 que le Q. G. de l'armée française s'installait à Rexpoede ainsi que nous l'avons vu.

Il s'agissait de monter de toutes pièces une opération qui, — primitivement — devait être déclenchée le 25 juillet.

Il fallait être prêt pour le 15.

On avait à peine un mois pour « équiper » le front ! c'est-à-dire pour compléter le réseau routier ; construire des gares, des voies ferrées : voies de 0",60, voies de 1 mètre, voies normales ; amener une artillerie formidable ; choisir les emplacements de batteries, les installer ; organiser les centres de ravitaillement, les hôpitaux (hôpitaux d'évacuation et centres chirurgicaux) ; aménager des adductions d'eau; établir des usines de stérilisation, des réservoirs, des conduites, — car dans ce pays où l'eau ruisselle partout, dans ce pays qui, après quelques jours de pluie, est un véritable marécage, il n'y a pas d'eau potable.

En même temps, il fallait procéder à la répartition des cantonnements des troupes et à leur aménagement, et cela dans une zone dont la disposition même (elle s'allongeait entre les zones de cantonnements belges et anglais) n'était pas faite pour aplanir les difficultés.

Enfin, il fallait établir des plans d'engagements.

Telle est la tâche formidable qu'en moins de quatre semaines l'état-major de la Ire armée devait mener à bien.

1°. — Le service routier.

La première question qui se posait lorsque l'on entreprenait d'organiser un secteur offensivement était celle de la circulation.

Il fallait que, dans toute l'étendue du secteur les lourds camions automobiles qui transporteraient les munitions, les approvisionnements, les rondins, les tôles ondulées, les solives, les planches de coffrage pour les positions de batterie et les abris ; que les « autobus » qui chargeraient les poilus afin de leur épargner des fatigues inutiles ; que les fardiers qui lentement iraient aux réservoirs emplir les tonneaux pour les ramener aux réserves d'eau ; que les longues théories des bataillons montant aux tranchées avec les mitrailleuses sur leurs voiturettes ; que les files de caissons « des échelons » en route vers les batteries de tir; que les voitures de tourisme des officiers d'E.-M., il fallait, dis-je, que tout cet immense courant, ce flot ininterrompu, circulât librement, sans heurt, sans embouteillage. Car les batteries — voraces — attendaient ; car le commandement était impatient d'apprendre les renseignements que l'officier de liaison apportait, ou de le savoir auprès des unités auxquelles il devait transmettre les ordres dont dépendait le succès.

Ici, dans cette plaine des Flandres, la tâche était des plus ardues.

Le réseau routier y est en effet particulièrement capricieux.

A travers cette étendue plate aux ondulations à peine sensibles, le dessin du lacis des chemins n'est pas impérieusement dicté par les dépressions qu'il faut emprunter de toute nécessité. Il déroule ses méandres de l'une à l'autre des fermes et des bourgades éparses dans le pays flamand. Les routes sont par suite fort sinueuses et aussi fort étroites.

Comment éviter l'engorgement ?

Tout d'abord, le général Anthoine établit une police des routes inflexible.

On répétait un mot qu'il avait dit dans la Somme, (alors qu'il commandait le 10e C. A.), à l'un de ses anciens camarades placé à la tête d'une division.

Comme il était passé dans le secteur de cette division et qu'il y avait trouvé les routes embouteillées, il avait fait venir le général et lui avait déclaré :

— Vois-tu, mon vieux, les routes, c'est sacré ; si demain les tiennes ne sont pas libres, je te relève de ton commandement !

Le lendemain la circulation était rétablie.

Son premier soin, dans le secteur des Flandres, fut donc de fixer des circuits ne comportant chacun, en général, qu'un seul sens et où les consignes devaient être rigoureusement observées.

Toute infraction fut réprimée avec la plus extrême rigueur.

Les 135 kilomètres de chemins de la zone de l'avant furent soigneusement entretenus. On construisit près de 14 kilomètres de voies nouvelles, routes ou pistes en rondins ; 35 kilomètres environ de voies anciennes furent élargies.

Aussi malgré les difficultés provenant du sol et du climat, la circulation put se faire normalement pendant toute la période des opérations.

2°. — Les chemins de fer.

Il est superflu, aujourd'hui, de s'étendre sur le rôle des voies ferrées dans la guerre moderne. D'ailleurs nous avons vu combien était complet le réseau que nos ennemis avaient organisé en arrière de leur front par des perfectionnements apportés durant trois années.

Un effort vigoureux — et admirable — allait donner à la Iʳᵉ Armée, en moins d'un mois, un réseau ferré qui, amélioré au fur et à mesure des besoins, n'eut bientôt rien à envier au réseau ennemi.

Le problème était de pourvoir le front au plus tôt de voies de 0 m. 60, afin d'être en mesure de transporter certaines des batteries, et d'assurer l'alimentation de toutes.

Mais ces voies, encore était-il nécessaire de les greffer sur les antennes des voies normales qui amenaient les wagons des gares régulatrices où ils étaient venus des centres usiniers, — *le front n'étant que le prolongement direct de l'usine.*

Il fallait donc construire des raccords de voie normale, et à certains endroits, en établir même de toutes pièces.

Quarante-huit kilomètres de chemins de fer nouveaux à voie normale double ou simple ; dix kilomètres de voies métriques desservant les dépôts où s'accumulent munitions et matériel, complétèrent bientôt le réseau existant. Et ce travail fut exécuté, en majeure partie dans le seul mois de juillet !

Que l'on se rende compte des difficultés : un sol qu'une journée de pluie suffit à transformer

en bourbier ; des routes dont les bas-côtés défoncés offrent des conditions aussi mauvaises que les
champs labourés pour l'assiette des voies. Or, si
l'on veut par exemple, utiliser la voie de 0 m. 60
pour l'armement des batteries lourdes et en particulier de celles d'A. L. G. P., il faut qu'elle soit
parfaitement assise sur une plate-forme de résistance solide.

Les difficultés étaient telles que le rapport du
chef de service au G. Q. G., rapport du 26 juin
1917, concluait à l'impossibilité du travail.

Et cependant, il a été fait.

Dès le 31 juillet, quatre-vingts kilomètres de
voies de 0 m. 60 étaient construits ; en octobre,
on dépassait la centaine !

Sans doute, une partie durent être reballastés
pendant la période d'hiver, mais l'essentiel était
que ces voies fussent prêtes à servir dès le début
des opérations, et elles l'ont été. L'on voit, par
cet exemple, ce que nous pouvons faire lorsqu'une direction énergique donne l'impulsion et
coordonne les efforts.

Pour desservir ce réseau, des gares s'édifièrent
parmi les prés et les labours comme par enchan-
tement, avec voies de garage, quais de débarquement spécialisés : pour l'A. L. G. P., pour l'artillerie lourde, pour l'artillerie de campagne, pour
le génie, pour le macadam, etc.

La rapidité avec laquelle ces travaux furent
menés à bonne fin tient du prodige.

Telle de ces gares, celle de Rousbrugge, qui le
24 juin 1917 n'était encore qu'une étendue herbeuse, permettait le chargement dès le 13 juillet
de 484 voitures et 288 camions !

Ce furent ces gares qui alimentèrent les parcs
et stockages de l'artillerie, du génie, de l'intendance.

Qu'on se représente les besoins de ces différents

services ! Du grand parc d'artillerie, qui devait pourvoir — sur les indications du 4e bureau de l'état-major de l'armée — à l'alimentation, à l'entretien, à la réparation d'un nombre de bouches à feu, qui est allé, ainsi que nous l'avons vu, jusqu'à près de neuf cents! Du génie qui devait stocker et répartir les rondins, soliveaux, poutrelles, tôles ondulées, caillebotis nécessaires à l'installation de tant de batteries, à l'organisation du secteur défensif de l'infanterie, à la construction des baraquements ; qui devait stocker et répartir le macadam exigé par l'entretien de près de 150 kilomètres de routes et de chemins, et les matériaux des ponts et passerelles indispensables pour les franchissements dans un pays que sillonnent de toutes parts canaux et rivières ! Que l'on s'imagine, enfin, les besoins d'une intendance qui dut pourvoir à la nourriture et l'entretien de 135.000 rationnaires, de 40.000 chevaux et de plus de 3.000 véhicules à moteurs de tous genres consommant par jour en moyenne de 30 à 40.000 litres d'essence, et pendant les moments de grande activité jusqu'à 60.000 litres !

A toutes ces charges s'ajoutait encore, pour le service des chemins de fer, celle d'assurer l'embarquement et la rentrée des permissionnaires.

A cet effet, on adjoignit à la gare de Rousbrugge une installation particulière de baraques Adrian pour recevoir les poilus. Tous les permissionnaires devaient s'y rendre lors de leur départ, et y repasser au retour.

Au départ, on leur donnait un bon qui leur permettait de toucher un casse-croûte : deux morceaux de saucisson ou de viande froide fort copieux et deux gros quignons de boule. Du guichet, ils passaient au réfectoire au fond duquel

était une cantine où ils pouvaient acheter du
« pinard ». Jusqu'en novembre, il fut à vingt-
cinq sous le litre, — ce qui permettait aux bour-
ses les plus modestes de s'en procurer.

Si, après la collation, le poilu voulait se reposer
avant de prendre le train, une baraque transformée en dortoir l'accueillait. On lui donnait, à son
gré, une ou deux couvertures. A la réception, il
remettait son titre de permission ou son ordre de
transport. On les lui restituait lorsqu'il rendait
ses couvertures au moment de partir. Système de
contrôle des plus simples, et des plus efficaces.

Au retour, un sergent indiquait à chacun l'endroit où retrouver son unité. Suivant la direction,
les arrivants étaient rangés en quatre sections :
Linde, Stavele, Oostvleteren, Lion Belge, et des
autos-camions les transportaient à ces quatre
destinations.

3°. — **Le service de santé.**

Le front « équipé » de routes et de voies ferrées, un point capital restait à régler.

Toute opération hélas ! entraînait des pertes.

Un des grands soucis du commandement était
donc que les blessés fussent évacués dans les
meilleures conditions.

Les progrès du service de santé ont été trop
considérables pour que ce ne soit pas justice
de les constater. Il en avait à faire !

Pour ces opérations des Flandres, l'organisation de la Iᵉ armée fut de tous points remarquable.

Trois centres de triage (1) avaient été installés
à proximité des lignes pour recevoir les blessés
relevés par les brancardiers de corps ou les bran-

---

(1) Zuidhuis, Hoogbrugge, Linde.

cardiers divisionnaires. Dans ces centres de triage, tous les pansements faits sommairement sur les champs de bataille devaient être ouverts par des chirurgiens qualifiés, qui, selon la gravité et la nature de sa blessure, délivreraient à chaque blessé une fiche le dirigeant sur un centre chirurgical spécial. Des indications très précises étaient données aux autos sanitaires appelées à y transporter les évacués afin d'éviter toute erreur d'aiguillage.

Dans les centres chirurgicaux ainsi désignés et qui se trouvaient établis à Rousbrugge, Crombeke et Linde, le blessé devait être, si possible, immédiatement opéré, afin d'éviter toute complication provenant d'un retard dans l'intervention.

Tous les centres étaient placés sous la direction unique de l'un de nos chirurgiens les plus réputés, le professeur Duval, qui avait désigné les différentes équipes de praticiens, avec la compétence et l'autorité que lui donnaient sa science et sa maîtrise reconnues.

Au sortir des centres chirurgicaux, petits et grands blessés devaient être dirigés par les soins d'hôpitaux d'évacuation (les H. O. E. : Wayenburg, Rousbrugge, Haringhe) sur les centres hospitaliers de l'arrière, aménagés pour les recevoir, également par le professeur Duval.

A lui-même était réservée la direction d'un des plus importants de ces centres, l'hôpital de Zuydcoote (1).

Ainsi le maximum de précautions étaient prises

---

(1) Cet hôpital était supérieurement monté.

Il avait été installé dans un sanatorium construit en 1910 en vue de la mer, avec des salles spacieuses, claires et aérées. Les lits où reposaient les blessés étaient dotés d'un ingénieux système de poulies et sacs de sable qui permettait au malade de se soulever lui-même facilement.

pour éviter les dangers d'infection ou de gangrène gazeuse.

En fait, sur 700 blessés qui furent évacués du 31 juillet au 20 août 1917, il n'y eut pas un seul cas de gangrène gazeuse.

4°. — **La remonte.**

Nous avons au front des camarades de combat: les chevaux.

Depuis trois ans et demi, eux aussi, faisaient campagne.

Nous étions loin, à cette heure, des beaux attelages du temps de paix. On voyait les pauvres bêtes, marcher la tête basse le long des routes ou des pistes d'artillerie. Ils étaient maigres, efflanqués ; leur poil était collé en longues mèches par la pluie et la boue. Ils avaient même apparence que leurs maîtres ; la vie rude les avait façonnés les uns et les autres, à son image.

Eux aussi, étaient malades, étaient blessés.

Il fallait les évacuer, les remplacer.

S'ils venaient à manquer, qui porterait les munitions à nos batteries de tir ?

C'était le service de remonte de l'armée qui était chargé et de l'évacuation, et du remplacement.

La surveillance des 40.000 chevaux de l'armée lui incombait.

Dans ce secteur des Flandres, ces bêtes subirent le sort commun. Le travail qui leur fut demandé fut particulièrement pénible. Pendant les périodes d'activité, les attelages de certains

---

Grâce à ce système, une infirmière, sans aucun aide, pouvait changer et laver son malade.

Economie de personnel et économie de fatigues pour l'hospitalisé.

Salles de radioscopie, salles d'opérations, tout était magnifiquement agencé, et avec les derniers perfectionnements.

échelons ont dû parcourir 35 kilomètres par jour — parfois plus — dans un terrain où, en certains endroits, ils enfonçaient jusqu'au poitrail. D'autre part, dans les débuts tout au moins, ils se nourrissaient fort mal. Ils campaient en plein champ, sous la pluie, dans la boue. Pas de mangeoire ; pas de musette le plus souvent. La paille ou le foin touchés étaient placés à terre l'avoine dessus. Les grains glissaient entre les fétus ; souvent, l'animal happait avec sa provende des morceaux de terre...

La situation s'améliora dans la suite, mais on comprend que les évacuations aient été nombreuses.

Un groupe mobile de remonte (G. M. R.) installé à proximité du champ de bataille avait à charge de recueillir les chevaux malades, blessés ou surmenés. C'était le « centre d'évacuation » des chevaux, si l'on ose ainsi parler. Les blessés y recevaient les premiers soins ; pansements, extractions des projectiles, etc... Puis malades et blessés étaient triés, catalogués en trois catégories : évacuables, non-évacuables et à abattre.

Un centre d'abat fonctionnait sur place. Les non-évacuables étaient des « grands blessés » à traiter immédiatement, ou des chevaux fourbus ayant besoin de quelques jours de repos avant évacuation.

Quant aux évacuables, on les dirigeait soit par voie de terre, soit par voie ferrée sur deux dépôts de chevaux malades (D. C. M.) établis l'un à Gravelines, l'autre à Aire-sur-la-Lys. — ce dernier exclusivement réservé aux chevaux galeux.

Car la grande ennemie des chevaux au front, c'est la gale.

Elle atteint surtout les chevaux surmenés.

On peut dire qu'à chaque hiver sévissait une véritable épidémie de gale. Or elle est très préjudiciable aux bêtes ; elle les rend inquiètes ; elles ne se nourrissent plus ; elles dépérissent rapidement.

Le remède tout d'abord employé était la « frotte ».

Il consistait à « frotter » complètement le cheval malade avec une pommade sulfureuse, et cela sans oublier un seul repli de l'épiderme où put se loger le sarcope.

On conçoit que l'on ait rapidement renoncé à un tel procédé.

Actuellement on fait passer les chevaux dans une piscine remplie d'une solution sulfureuse. Les bains sont pris tous les quatre à cinq jours et l'on compte qu'il faut six à sept semaines au moins pour obtenir un résultat.

Cure longue, fort coûteuse. La piscine seule coûte de 16 à 20.000 francs à construire.

Au dépôt de Contre (près d'Amiens) on avait, en février 1917, essayé un nouveau système.

Il consiste à enfermer l'animal dans un box parfaitement étanche. Une ouverture pratiquée dans la paroi laisse sortir la tête. On projette dans le box du gaz sulfureux avec un appareil semblable aux appareils Clayton employés pour la désinfection des navires. L'appareil de désinfection peut être établi pour 500 francs. Il suffit, d'autre part, de construire des baraques avec des box aménagés. Pendant que la désinfection par les gaz se fait, un aide enduit de pommade la tête de l'animal, les sarcopes se logeant souvent dans l'oreille.

Ce traitement est infiniment moins coûteux que celui de la piscine.

Les expériences qui ont été faites furent concluantes.

Rapports ont été fournis, qui, depuis... sont à l'étude au Ministère.

5°. — Le service des eaux.

Une dernière difficulté restait à résoudre : l'alimentation de toute cette armée en eau.

Nous avons déjà signalé l'absence d'eau potable dans les Flandres, — bien qu'il y pleuve deux cent cinquante jours par an.

La nature du sol en est cause. Il est en effet constitué d'une couche d'argile compacte (1), parfaitement imperméable, de cent à cent-cinquante mètres de profondeur, que recouvre un fort mince revêtement de terre arable, et sous laquelle on trouve des sables sur une épaisseur de 30 à 50 mètres. Dans les argiles imperméables, pas d'eau : elle reste à la surface; dans les sables, un ruissellement bien faible. Au surplus, les forages dans ce terrain boulant sont fort difficiles. Enfin, à 2 ou 300 mètres, on arrive au terrain crétacé qui constitue une couche uniforme, légèrement incliné vers la mer. La craie y étant peu ou point fissurée, l'eau y est rare, et d'ailleurs là aussi, souvent minéralisée.

En résumé, impossibilité absolue de demander l'alimentation en eau de la Iʳᵉ Armée à des travaux de forages ou à des captages de sources.

Or les besoins de l'armée étaient de 500 mètres cubes par jour environ.

Comment les assurer régulièrement ?

La question ne paraissait pas facile à résoudre.

Pour parer au plus pressé, on utilisa tout d'abord l'eau de Houlle (près de Saint-Omer), qui alimente Dunkerque. Cette eau était amenée à

---

(1) L'argile des Flandres, ou plus exactement l'étage supérieur de l'argile yprésienne (ainsi nommée parce que les formations caractéristiques se trouvent précisément dans la région d'Ypres).

des « postes d'eau ». Ces postes consistaient en un certain nombre de réservoirs de 5.000 litres — trois ou quatre le plus souvent — placés sur pylônes. Les unités y puisaient selon leurs besoins, les unes au moyen de camions, les autres en organisant un service combiné de bateaux et de camions : des péniches-réservoirs empruntant les canaux de Furnes et de Loo parvenaient jusqu'à Elsendamme sur l'Yser, où les camions venaient prendre leur provision.

Avec le premier moyen de transport, l'eau revenait à 40 francs le mètre cube ; avec le second à 16 francs.

C'était cher.

Il y avait un autre inconvénient.

La conduite de Houlle à Dunkerque était unique. Si un accident survenait — et la région était « marmitée » — toute l'armée risquait d'être privée d'eau. De fait, les 9 et 10 août la conduite fut coupée en deux endroits.

Mais, à ce moment, le lieutenant-colonel Guillet, chef du service des eaux, disposait d'une autre ressource. Il avait trouvé le moyen d'alimenter les troupes avec de l'eau de l'Yser.

De l'eau de l'Yser ! D'une rivière qui ne coule que sur des argiles imperméables, c'est-à-dire sur un sol n'ayant aucun pouvoir filtrant ; qui sert d'égout à toutes les agglomérations sur son parcours ; et où, enfin, très loin à l'intérieur des terres, se fait sentir la salinité marine !

Cela paraissait une gageure.

Voici comment il s'y était pris.

Non loin du front de l'Yser à Rousbrugge, il avait construit un barrage en sacs à terre, de manière à limiter l'invasion des eaux salées. En aval de ce barrage, il avait rétabli un bateau épurateur, à lui prêté par nos alliés britanniques, —

bateau pourvu d'un laboratoire de chimie et doté d'ingénieurs y résidant en permanence.

Ce bateau puisait dans le blanc d'eau retenu en amont par le barrage. L'eau aspirée passait par des récipients où elle était successivement débarrassée de ses impuretés : un traitement à l'alun la dégrossissait ; des filtres à sable la clarifiaient ; enfin elle était stérilisée au chlorure de chaux.

Elle était bonne à boire. (1).

Des pompes la refoulaient alors dans deux réservoirs contenant chacun 240 mètres cubes. Ils avaient été construits en moins d'une semaine !

Fort simplement.

On avait aménagé pour chacun, mi en déblai, mi en remblai, une cuvette de $1^m,20$ de profondeur, longue à la base de 31 mètres et large de $5^m,50$, avec parois inclinées à 45°. Elle avait été garnie d'une toile imperméable posée bien à plat et couverte par une charpente en voliges et carton bitumé.

L'étanchéité était parfaite.

De ces réservoirs, l'eau était envoyée par une machine élévatrice dans une conduite en fonte d'un diamètre intérieur de $0^m,10$, qui la distribuait dans toute la zone de l'avant.

Dès la fin de septembre, cette canalisation atteignait 22 kilomètres.

Les branchements aboutissaient aux postes de distribution, qui disposaient de 200 réservoirs et où les unités venaient la prendre. Par précaution, d'ailleurs, ces postes étaient dotés de motopompes destinées à les alimenter d'eau de Houlle

---

(1) J'en ai bu. Les troupes en ont été alimentées pendant des mois. Jamais le service de santé n'a formulé une plainte.

puisée dans les péniches-citernes en cas de besoin.

L'eau a été distribuée ainsi dans le secteur d'une armée en opération comme dans une ville.

Tour de force peu banal.

Il est vrai que le lieutenant-colonel Guillet, dans le civil, est directeur des Eaux de Versailles.

Nos troupiers ont été servis comme l'eût été le Grand Roi.

CHAPITRE II

Le plan général de l'offensive.

Le 6 juillet, l'instruction générale n° 11 fixait le plan d'action de l'armée française.

Elle devait opérer « dans le secteur d'Hetsas, à l'extrême gauche et comme pivot des armées britanniques », « en liaison intime à droite avec la Ve Armée britannique. Pendant toute la manœuvre elle a pour mission « de couvrir en tout état de cause le flanc gauche de cette armée » (XIVe Corps britannique) ».

L'objectif était désigné : « la ligne du Steenbeek entre l'étang de Blankaart et la lisière nord de la forêt d'Houthulst ».

Mais cet objectif ne pouvait être atteint en un seul bond.

La progression devait donc comporter plusieurs phases. L'ordre précisait les deux premières.

1re Phase : La première phase vise l'enlèvement des deux premières lignes allemandes situées à l'est du canal de l'Yser et l'établissement de la chaîne à distance d'assaut de la troisième ligne ennemie.

Son objectif était la ligne générale :

Ferme Stampkot et extrémité sud de la tranchée de Stampkot, tranchée du Pigeonnier, ferme Cheurot, lisière nord-est et est du bois Triangulaire, ferme du Tilleul, batteries 50-86, 44-86, 55-83, ferme de la Fourche.

2e Phase : Cette phase comporte l'occupation et l'installation immédiate du terrain conquis, en vue de l'utiliser comme base de départ pour une nouvelle offensive déclenchée aussi rapidement *que possible, sans déplacement d'artillerie et ayant comme objectif la troisième ligne allemande et tout le terrain au sud de la coupure Martjevaart-Saint-Jansbeek, y compris le nettoyage de la presqu'île de Poesele.*

Voilà quelle devait être la première tâche. En fait, ce sera celle qu'accompliront les attaques des 31 juillet et 16 août.

La base de départ désignée était notre tranchée longeant la rive ouest du canal de l'Yser, entre le nord de Steenstraat et Boesinghe (exclus).

La liaison avec l'armée britannique se ferait suivant une ligne dirigée sud-ouest, nord-est, et partant du coude du canal immédiatement au nord de Boesinghe pour aboutir, par les batteries 49-78 et 52-80, au delà de la tranchée de Montmirail à la batterie 63-90.

Des détachements français de la division de droite spécialement désignés devaient concourir avec les troupes britanniques à l'occupation en commun des points d'appui que l'ordre n° 11 précisait.

L'ordre indiquait ensuite quelle tâche était assignée aux troupes dans leurs différents bonds.

Au premier, elles avaient à enlever les deux premières lignes de tranchées les plus près du canal, c'est-à-dire entre la tranchée du Canal, la partie méridionale de la tranchée de Stampkot, les tranchées du Pigeonnier, du Casque, de Lutzbeek, la tranchée Pompadour et le bois 15.

Cette œuvre faite, temps d'arrêt.

Les vagues d'assaut repartiraient à H + 1 h. 40 (heure modifiée le 18 juillet. Ce fut H + 1 h. 58). Leur travail devait être, cette fois, de nettoyer une partie du terrain entre la deuxième ligne allemande conquise et la troisième. En ce second bond, elles auraient à atteindre la ligne : tranchée du Pigeonnier, ferme Cheurot, lisière nord-est et est du bois Triangulaire, ferme des Statuettes et batterie à 200 mètres à l'est, ferme des Saules, etc.

Nouvel arrêt.

On devait repartir à H + 3 h. 20 pour achever la conquête du terrain jusqu'à la troisième ligne Boche, c'est-à-dire la tranchée Kortekeer. La ligne à atteindre était : ferme du Tilleul, batteries 44-87, ferme du Chaume, batteries 50-86, 54-86, 55-83 et ferme de la Fourche.

C'était là l'objectif normal.

Une organisation telle que la tranchée Kortekeer pouvant être incomplètement démolie, le général n'imposait pas à ses divisions de l'emporter le jour J.

Toutefois, « *comme les troupes britanniques devaient ce même jour, s'assurer, si possible, le passage sur le Steenbeek de la route Bixschoote-Langemarck* », passage qui se trouvait précisément à la hauteur de la tranchée Kortekeer, l'attaque française du jour J devait avoir comme objectif éventuel, « *dans le cas où le désordre de l'ennemi permettrait une progression facile* », « *l'enlèvement rapide de la troisième ligne allemande (c'est-à-dire la tranchée Kortekeer) entre le passage sur le Steenbeek et les abords de la ferme Stampkot.* »

La vitesse de progression du barrage d'artillerie était fixée à 90 mètres, c'est-à-dire 100 yards, en 4 minutes. La mesure anglaise avait été adoptée afin de rendre plus intime la coordination des efforts des deux armées.

Pour éviter que le tir de barrage français, « *ne prenne peu à peu sur le tir de barrage britannique une avance qui augmente de façon continue* », le général donnait l'ordre de « *prescrire de temps à autre des pauses pour maintenir la liaison entre les deux tirs* ».

Tous les détails de la première opération ainsi arrêtés, le général fixait le jour où devait commencer la préparation d'artillerie.

C'était le 15 juillet.

⁎⁎

Mais déjà la situation n'était plus la même que le 16 juin, lorsque l'armée avait pris le secteur.

L'ennemi était en éveil.

Un prisonnier appartenant au « 9ᵉ pionniers-ersatz-bataillon », capturé dans la nuit du 27 au 28 juin, au sud de Dixmude, avait déclaré, que, depuis un mois ou deux, les Allemands s'attendaient à une attaque entre Ypres et la mer (1).

Quoi qu'il en soit, ils prenaient leurs précautions.

Dans la nuit du 8 au 9 juillet, les Anglais faisaient un coup de main devant Boesinghe

Quatre cadavres allemands restaient sur le terrain. Or, ils appartenaient au 228ᵉ régiment de réserve, un des régiments de la 49ᵉ division de réserve: (2) les Allemands avaient relevé la 80ᵉ division — division fatiguée ainsi que nous l'avons vu — par une division fraîche.

La 49ᵉ division de réserve (3), — qui était de recrutement silésien et posnanien — s'était bien comportée dans le secteur de Bullecourt, où elle avait d'ailleurs essuyé d'assez grosses pertes, mais elle venait d'avoir plus d'un mois de repos.

---

(1) Voir *B. R*, nº 14 du 4 juillet 1917.
(2) Le renseignement fut ultérieurement confirmé.
(3) 225ᵉ rés., 226ᵉ rés., 228ᵉ rés., commandée par le général Von Hunger.

Elle avait participé en octobre 1915 à l'offensive allemande d'Hindenburg, en Prusse orientale. Elle passa ensuite sous les ordres de Mackensen, pris part à la poursuite des Russes pendant l'automne 1915 et resta dans la région Baranovitchi. A la fin de 1916, elle avait été envoyée en Transylvanie, puis en Roumanie (armée Falkenhayn).

C'était donc une bonne division qui en remplaçait une médiocre.

Elle ne venait pas seule.

Un message daté du 9 juillet, et capturé sur un pigeon allemand, avait également révélé la présence de la 23ᵉ division de réserve. Il donnait en effet comme adresse du destinataire : « régiment Schœnberg ».

Or, le 392ᵉ régiment d'infanterie, commandé par le major Schœnberg, appartenait à la 23ᵉ D. R.

D'ailleurs, dans la nuit du 9 au 10 juillet, les Anglais faisaient prisonnier au nord de Pilkem, un homme du 100ᵉ régiment de grenadiers de réserve, autre régiment de la 23ᵉ division de réserve (1), division saxonne qui, n'ayant pas eu depuis le début de 1917 de pertes sérieuses et venant d'être mise au repos depuis la fin de mai dans la région de Gand, pouvait être considérée « comme une des divisions les meilleures et les plus fraîches que les Allemands eussent sur notre front ». (2)

Ces deux divisions s'étaient partagé l'ancien secteur de la 80ᵉ D. R.

Ainsi les Allemands avaient remplacé une division médiocre par deux bonnes divisions.

D'autre part, au lieu de mettre en ligne les trois régiments accolés — avec un bataillon sur la première position, un sur la seconde, et le troisième en réserve —, ils n'en engageaient plus maintenant que deux, avec le même échelonnement que précédemment, mais le 3ᵉ régiment demeurant tout entier réservé en arrière.

---

(1) Elle comprenait le 100ᵉ grenadiers de réserve, le 102ᵉ de réserve et le 392ᵉ régiment, et était commandée par le lieutenant-général Von Weissdorf.
(2) Voir *B. R.*, nᵒ 21 (11 juillet 1917).

L'échelonnement en profondeur était, par là, renforcé, et au lieu de trois bataillons appartenant chacun à un régiment différent, le commandement disposait de deux régiments tout entiers pour les contre-attaques.

De plus, l'ennemi complétait ses défenses accessoires devant le secteur d'Hetsas, réparait la tranchée de Stampkot, établissait de nouveaux réseaux un peu partout : au nord du cabaret Smiske, à l'ouest d'Aschoop, au sud-ouest de Draaibank, sur la rive droite du Saint-Jansbeek. Les photographies montraient enfin une augmentation très considérable des réseaux de fils de fer dans la partie ouest de la forêt d'Houthulst. (1)

Pour l'artillerie toutefois, sauf les batteries de pièces à grande portée au sud de la forêt d'Houthulst qui avaient été augmentées, semble-t-il, de quelques unités, on ne signalait pas de renforcement notable. Nous avons vu d'ailleurs que l'artillerie allemande disposait de nombreuses positions de batteries prêtes à être occupées.

Quoi qu'il en soit, de toute évidence l'ennemi était sur ses gardes.

---

(1) Voir *B. R.* n° 28 (18 juillet 1917).

CHAPITRE III

Le plan d'action de l'artillerie.

L'action d'artillerie allait commencer.

Avant de la suivre dans son développement, il nous faut examiner comment le général Anthoine en avait réglé les détails.

On sait quelle importance capitale était réservée au rôle de l'artillerie dans une opération comme celle dont il s'agit : le général Pétain entendait qu'elle broyât les organisations de l'adversaire et brisât sa volonté de résistance de telle sorte que la victoire fût obtenue sûrement et avec les pertes minimes.

Par le matériel mis à sa disposition, le général de la Ire Armée était devenu, si l'on ose ainsi parler, le chef d'un formidable orchestre qui du crapouillot de 58 à l'obusier géant de 370 (1), comprenait tous les calibres. Il fallait diriger au mieux tous les instruments de cet orchestre.

Que certains commencent trop tôt, que d'autres manquent leur entrée ou ne jouent pas sur le mode convenable, et le « concert » pour me servir d'une expression qui revient à plusieurs reprises dans les ordres du général Anthoine, sera un sanglant échec.

Que les fils de fer défendant les premières lignes soient insuffisamment broyés et l'infanterie sera hachée par les mitrailleuses, sans pouvoir avancer.

Que la contre-batterie, antérieurement à l'ac-

---

(1) La Ire Armée n'avait pas — ainsi que nous l'avons vu — de mortier de 400.

tion ou bien pendant et après, soit inefficace, et les fantassins n'auront progressé que pour aller se faire écraser par les obus quelques centaines de mètres au delà de leur point de départ.

Que l'interdiction par gros calibres, enfin, prenne toute son ampleur trop tôt, et au jour J ces pièces puissantes, qui, par suite de la vitesse initiale considérable du projectile, ont une vie limitée, (1) seront fatiguées. Elles risqueront au surplus de manquer de munitions car celles-ci en raison des difficultés d'usinage leur sont inévitablement comptées. En un mot, elles ne pourront donner qu'un rendement réduit au moment précis où il le faudrait maximum, où elles devraient être pour l'armée les molosses qui, dans la limite de leur chaîne, interdisent tout accès.

Nous allons voir avec quelle maîtrise le général Anthoine avait réglé toutes les nuances de son terrible « concert ».

*
* *

Dans l'action d'artillerie qui précèdait alors une offensive, on pouvait distinguer trois phases.

La première consistait essentiellement en une contre-batterie énergique.

Les batteries ennemies étaient successivement prises à partie par nos batteries qui exécutaient sur chacune d'elles des tirs de destruction, en commençant par les plus gênantes, — en particulier par les batteries contre-avions afin de donner à nos escadrilles le maximum de liberté d'action.

En même temps, des tirs « d'interdiction » exécutés sur les arrières de l'ennemi, sur les pistes,

----

(1) C'est le cas pour tous les canons qui tirent à une vitesse initiale de 700 à 750 mètres.

les nœuds de route, etc... gênaient ses communications, ses relèves, ses ravitaillements, en un mot l'empêchaient de prendre les mesures que l'imminence de l'attaque rendait nécessaires.

Quand ce travail était suffisamment avancé, commençait la seconde phase : la destruction des organisations défensives.

On continuait la contre-batterie, car il fallait achever de démolir, ou, tout au moins, de tenter de démolir les batteries adverses non encore détruites, et aussi d'empêcher celles qui étaient endommagées de réparer leurs casemates et reprendre leur activité ; il fallait enfin, et surtout, empêcher l'artillerie adverse d'écraser d'obus les batteries chargées d'exécuter le nouveau travail à accomplir lequel est la destruction des organisations défensives ennemies : observatoires, tranchées, réseaux de fils de fer, blockhaus, abris de mitrailleuses, etc...

Ce nouveau travail était l'œuvre avant tout de l'artillerie lourde courte, et des mortiers de tranchées.

Les premiers objectifs à prendre sous le feu étaient les postes de commandement, les organes téléphoniques, les observatoires. Puis les mortiers de tranchées, 58, 75 et surtout 240, pulvérisaient les réseaux de fils de fer, et avec l'aide des 155 courts, des 220 et même des mortiers et obusiers de 370 défonçaient les abris bétonnés.

En même temps, l'interdiction continuait de plus en plus rigoureuse, jour et nuit, afin d'empêcher la relève en première ligne des unités décimées et démoralisées.

Autant que l'état de l'atmosphère le permettait on usait pour cette interdiction d'obus spéciaux c'est-à-dire à gaz toxiques.

Le travail de destruction accompli était enregistré par la photographie aérienne et une carte, dite des destructions, était soigneusement tenue à jour où l'on pouvait le suivre pas à pas.

Quand les destructions paraissaient assez avancées, que les photographies d'avions montraient à la place des lignes de tranchées, des lignes d'entonnoirs, alors s'ouvrait la troisième phase, — c'est-à-dire la préparation immédiate et l'exécution de l'attaque.

Deux principes absolus dominaient dans cette dernière phase, l'action de l'artillerie : 1° ne pas modifier le régime du tir, afin de ne pas donner l'éveil à l'ennemi ; 2° régler le barrage d'artillerie qui précèderait l'infanterie en concordance absolue avec la progression de cette dernière.

Dans ce crescendo final, la contre-batterie et l'interdiction prenaient toute leur ampleur : toute batterie ennemie qui se dévoilait devait être immédiatement contrebattue et réduite au silence ; toute contre-offensive devait être écrasée sous les obus dès ses premières manifestations.

Il ne fallait à l'infanterie d'assaut qu'un seul ennemi : l'infanterie boche qui garnissait les positions à enlever. Encore, l'idéal était-il que cette infanterie ennemie fût démoralisée et prête à se rendre.

*
* *

Tel était dans ses grandes lignes le programme d'artillerie d'une attaque.

Pour celle qui nous occupe, le général Anthoine précisa les directives en deux instructions générales : l'instruction générale n° 13 du 10 juillet, et l'instruction générale n° 17 du 19 juillet, celle-ci n'étant que la suite de celle-là.

Voilà les prescriptions édictées pour chacune des trois phases :

A. — PHASE DE CONTRE-BATTERIE

« *La contre-batterie sera conduite sans économie de projectiles sous deux réserves :*

*1° Que l'existence actuelle de la batterie contre-
battue soit certaine ;*

*2° Que le tir soit constamment observé et con-
trôlé.* »

Il recommandait, en conséquence, de considérer comme n'ayant qu'une valeur d'indication,
la liste des batteries établies à l'avance pour chaque journée.

« *On préférera toujours, disait-il prendre en
destruction immédiate les batteries ennemies que
les avions révèlent en action...*

*Les batteries ennemies contre avions ont tou-
jours droit à la priorité de destruction...*

*En dehors de ce cas la priorité appartient aux
batteries les plus gênantes ; à défaut de renseignements au plus gros calibre.*

*La destruction des batteries comprend celle
des batteries rapprochées bétonnées et encerclées
de réseaux, — que celles-ci soient actives ou
non.*

*La destruction des batteries ennemies sera
conduite avec toute l'intensité que permettront
les moyens d'observation sans perdre un instant
de clarté.*

*Le tir commencera à l'aube et ne se terminera
qu'après la chute du jour.*

*Les tirs d'efficacité en cours au moment de la
chute du jour, seront poussés jusqu'à la fin :*
C'EST LE SEUL CAS OU LE CONTROLE NE SERA PAS EXIGÉ.
*Mais on n'interrompra jamais un tir d'efficacité
avec l'idée d'en remettre la suite au lendemain; et
de même, on n'aura jamais le droit de ne pas
commencer un tir sous prétexte que la chute du
jour est trop proche.* »

Voilà pour la contre-batterie.

B. — DESTRUCTION DES ORGANISATIONS DÉFENSIVES

Voici maintenant pour la destruction des organisations défensives.

« Tous les tirs de quelque calibre que ce soit doivent être observés et contrôlés ; en conséquence, dès le début de la préparation, tous les observatoires terrestres doivent être occupés, les ballons en ascension et les avions tenant l'air en nombre à fixer, dans chaque secteur aéronautique, par le commandant de C. A. de manière que l'observation soit permanente.

Les premiers objectifs à prendre sont les P. C., les centraux téléphoniques et les observatoires... »

La cadence du feu était déterminée.

Sauf tirs de barrage ou de surprise, elle ne devait être jamais supérieure à six coups à la minute. Des mesures de détail devaient être prises par les commandants d'unité afin d'éviter la mise hors de service du matériel par échauffement et aussi le surmenage du personnel.

Des fausses attaques étaient prescrites.

« Il s'agit d'habituer l'adversaire à l'ensemble des régimes qui caractérisent l'emploi des diverses sortes d'artillerie pendant les prodromes immédiats de l'attaque : cessation du feu de l'artillerie de tranchée concordant avec des tirs de peignage et des barrages du 75, de neutralisation générale, de contre-batterie, d'obus spéciaux, etc... En particulier, ne pas hésiter à ponctuer ces simulacres de tir d'attaque avec des obus spéciaux, toutes les fois que les circonstances atmosphériques seront propices à leur efficacité.

De cette façon l'ennemi sera contraint à déclencher des barrages ; le sens des interruptions de feu deviendra pour lui incertain, et, en même temps, notre contre-batterie en profitera, — nos avions volant de plus près au moment de ces simulacres qu'on fera coïncider avec des périodes de visibilité (1). »

Des tirs d'interdiction devaient, durant la préparation, battre les arrières de l'ennemi.

« *Pendant tout le temps de la préparation, on doit rendre impossible à l'ennemi, à portée de canon, tout ravitaillement en vivres et en munitions et tout remplacement de matériel. On doit même chercher à entraver les mouvements d'isolés, estafettes, plantons, agents de liaison. Pour cela l'A. C.* (2) *et l'A L. L.* (3), *aidées au besoin par les matériels modernes de 155, chaque calibre agissant dans sa zone, exécuteront à intervalles réguliers, par rafales violentes des tirs d'enfilade sur les boyaux de communication, les voies ferrées, pistes et routes, en augmentant la densité du feu sur les nœuds de croisements.*

Cette action sera prolongée par l'A. L. G. P. (4), *notamment sur les gares et points de ravitaillement. On emploiera à ce tir les obus à balles de divers calibres, mélangés de quelques obus explosifs à fusées I. A. Les points d'éclatement du tir fusant seront maintenus très bas (un ou deux coups percutants sur 4). Les mitrailleuses seront employées pour battre, pendant la nuit, les intervalles qui séparent les boyaux.*

Des tirs d'interdiction seront également exécutés aux alentours des batteries qui ont été soumises préalablement à un tir de destruction (5).

Pendant la nuit, les tirs d'interdiction sur les

---

(1) Instruction générale n° 17 du 19 juillet 1917, paragraphe 5 du chapitre B.
(2) A. C. : artillerie de campagne.
(3) A. L. L. : artillerie lourde longue.
(4) A. L. G. P. : artillerie lourde à grande puissance.
(5) *Loc. cit.*, paragraphe 6.

pistes et tranchées devaient continuer. De même des tirs « d'entretien » devaient être exécutés **sur** les démolitions faites précédemment. *« C'est l'affaire du 75, (dit l'instruction), le tour de service, soit de jour, soit de nuit, étant fixé par les commandants d'artillerie divisionnaire, de groupe ou de batterie, de manière à maintenir sur tous les objectifs, un régime de tir déterminé, sans que cependant le personnel et le matériel soient empêchés de profiter d'un repos suffisant.*

La nuit, les pièces longues à grande portée pourront être alertées par les avions de surveillance, pour exécuter des tirs sur des colonnes en marche ou sur des trains et des rassemblements (1).

Des tirs à obus spéciaux (par le 75 et au besoin l'A. L.) devront être effectués sur les régions supposées occupées par les réserves. Ces tirs seront renouvelés quelques heures avant l'heure H, mais ils doivent cesser dans tous les cas à H — 1 heure au plus tard.

Des prescriptions indiquaient la manière dont ces obus spéciaux seraient tirés.

« Les tirs doivent être conduits en exécutant d'abord un tir rapide, pour constituer une atmosphère délétère, être continués pendant 4 ou 5 heures par coups espacés et terminés ensuite par un tir rapide. Ce procédé a l'avantage de forcer les défenseurs à conserver leurs masques pendant 4 ou 5 heures et, le masque se détériorant, d'obliger à respirer à la fin du tir les gaz asphyxiants.

Ils doivent être accompagnés de tirs d'obus à balles, encerclant l'objectif de manière à causer des pertes soit aux hommes qui quitteraient les abris, soit au personnel de secours.

---

(1) *Ibid.*, paragraphe 7.

Les tirs d'obus spéciaux seront employés à neutraliser les batteries ennemies notamment pendant la nuit de J — I à J, si les circonstances atmosphériques s'y prêtent (1). »

... Quant à l'A. L. G. P., le général Anthoine se réservait de donner « quotidiennement » au général commandant l'artillerie des instructions pour son emploi (2).

Enfin, le général prescrivait d'accompagner tout tir d'interdiction de nuit *d'un tir de mitrailleuses fauchant le terrain entre les boyaux et les pistes* (3).

C. — PRÉPARATION IMMÉDIATE DE L'ATTAQUE

Ces deux phases de l'action d'artillerie menées à bien, restait la dernière : la préparation immédiate de l'attaque et son exécution.

Pour cette dernière phase, voici quels étaient les ordres :

« Le tir de l'artillerie doit être conduit de telle façon que l'ennemi ne puisse pas soupçonner à l'oreille le moment de l'attaque. Il ne doit donc y avoir aucune modification dans la cadence du tir au moment où l'infanterie se porte en avant.

Donc, la cadence à réaliser au moment de l'attaque doit être prise progressivement et complètement réalisée à H. — 1 heure au plus tard. Pour éviter une trop grande dépense de munitions et ménager le matériel, cette cadence, ne doit pas, en principe, pour les batteries d'appui direct, dépasser deux coups par pièce et par minute.

---

(1) *Ibid.*, paragraphe 8.
(2) *Ibid.*, paragraphe 7.
(3) *Ibid.*, paragraphe 12.

A l'heure H. (1), l'artillerie de 75 allonge son tir par bonds successifs, à des heures fixées très exactement par les généraux de division jusqu'à ce que le tir atteigne la zone de barrage prévue devant le premier objectif. L'infanterie prévenue de cette progression marche derrière la vague de feu, en la suivant au plus près, de sorte que c'est le tir de l'artillerie qui conduit la progression de l'infanterie. Ce concert, réglé à l'avance, doit avoir cependant suffisamment de souplesse pour pouvoir se conformer aux incidents du combat ; notamment, s'il y a une résistance inattendue sur une ligne intermédiaire, le commandant de l'artillerie divisionnaire, — mais lui seul — doit pouvoir prolonger le tir d'accompagnement sur la partie résistante...

Les commandants d'artillerie marcheront avec les chefs d'infanterie correspondants, tout en maintenant la liaison avec leurs batteries, dont ils dirigent le feu. Ils auront notamment à assurer les barrages terminaux.

En résumé, les principes à observer sont les suivants :

— Les barrages déterminés d'avance d'après un horaire arrêté par le général de division ;

— L'infanterie suivant au plus près derrière la vague de feu ;

— Le général de division (ou son commandant de l'artillerie divisionnaire qui est auprès de lui) ayant seul le droit de modifier le régime des tirs.

— L'A. T. cesse son tir avant l'heure H.

— L'A. L. L. continue son tir de neutralisation et de destruction comme elle l'a commencé, mais avec cette particularité qu'à partir de H. — 2 heures, toutes les batteries sans exception qui tente-

---

(1) H = l'heure de l'attaque.

raient de faire du barrage doivent être prises en destruction (ou tout au moins en neutralisation), quelque soit à ce moment la rapidité du tir à demander et la dépense de munitions.

L'A. L. G. P. qui a dû intensifier son action le jour J. — 1 (1) maintiendra cette intensité pendant toute la durée de l'attaque, notamment en ce qui concerne sa mission d'interdiction et d'action sur les campements et points de rassemblements éloignés de l'ennemi. »

Enfin, le général Anthoine se préoccupait de protéger son avance non seulement en faisant contre-battre pendant l'attaque toute batterie ennemie qui viendrait à se révéler, mais encore en faisant prendre sous le feu de son artillerie toute contre-attaque ennemie en voie de préparation.

« Afin d'être immédiatement prêt à prendre sous le feu toutes contre-attaques ennemies en voie de préparation, il y aura lieu dans chaque division de désigner à l'avance une ou deux batteries de 75, qui seront rendues complètement disponibles, dès que l'infanterie aura atteint l'objectif sur lequel elle doit marquer un temps d'arrêt.

Chacune de ces batteries aura une zone d'action définie à l'avance et très bien connue des avions travaillant au compte de l'A. D. à laquelle elles appartiennent ; elle devra ouvrir le feu au signal de l'avion (2). »

---

(1) J = le jour de l'attaque.
(2) *Ibid.*, chapitre C, paragraphe 11.

Le rôle de l'Aviation.

Cette action d'artillerie devait être secondée par un intense travail d'aviation.

Aviation et artillerie sont étroitement solidaires. A un puissant déploiement d'artillerie doit correspondre l'engagement d'une aviation non moins puissante.

Tout d'abord nos escadrilles de combat avaient pour tâche de nous assurer la maîtrise de l'air ; d'empêcher les avions et drachens ennemis de remplir leur mission ; d'assurer aux nôtres la sécurité ; de provoquer au combat pour la détruire l'aviation adverse.

D'autre part les escadrilles de bombardement, *qui ne sont autre chose que des batteries ailées*, devaient agir en collaboration intime avec les batteries terrestres. Elles avaient leurs objectifs, elles aussi, au même titre que les 75, les 155, les 240 ou les 370.

Chaque jour le commandant de l'aéronautique avait à présenter avant onze heures des propositions au sujet des bombardements à effectuer la nuit suivante.

Le 16 juillet, une instruction particulière d'opérations (1) lui donnait les directives suivant lesquelles ces propositions devaient être faites.

Elle désignait « les objectifs les plus intéressants à bombarder, au fur et à mesure de la progression des opérations ».

Pendant la première phase, c'étaient les terrains d'aviation boches : Abeele, Handzaeme, Beveren, Rumbeke, Thourout, Lichtervelde, Wynghene, et aussi les gares éloignées : gares de Roulers, de Cortemarck et de Lichtervelde.

---

(1) Instruction particulière n° 4.

Pendant la seconde phase, c'étaient les gares rapprochées, les camps et dépôts à proximité des lignes : gares de Staden, de Zarren, gares et camps d'Houthulst et de la forêt du même nom, enfin Poelcapelle, derrière le front de la gauche britannique.

Au jour J., nos escadrilles devaient maintenir à l'armée l'absolue maîtrise de l'air, aller bombarder les terrains d'aviation ennemis, pourchasser le personnel à coups de mitrailleuse, interdir enfin aux différentes altitudes à tout avion ennemi de passer (1).

*

Ainsi, tout d'abord on isolerait, on ligoterait l'ennemi en broyant ses batteries, en coupant ses communications avec l'arrière ; on briserait ensuite sa cuirasse de tranchées, de fils de fer et de béton ; on tenterait de lui crever les yeux en détruisant son aviation ; on écraserait sous les bombes les cantonnements où il aurait pu reposer ses membres boueux ; on le repousserait exténué, hagard, dans son cloaque...

Après quoi, l'infanterie sortirait, et lui assénerait le coup de grâce.

---

(1) Instruction générale, n° 21 du 30 juillet 1917.

CHAPITRE IV

La préparation d'artillerie.

Tous les détails étant ainsi réglés, la préparation commençait par le travail de contre-batterie (1re phase de la préparation) le 15 juillet à 6 heures.

Elle était énergiquement continuée le 16 et le 17. Le travail commençait dès le lever du jour et se poursuivait jusqu'à la tombée de la nuit (1).

On pensait que l'attaque pourrait avoir lieu le 23 ou le 25.

On essayait d'activer.

Mais pour que les tirs de contre-batterie soient efficaces, il faut qu'ils soient observés et contrôlés : observés par observatoires terrestres ou par avions, contrôlés par photographies d'avions prises avant et après le tir.

Pour l'une comme pour l'autre de ces deux opérations, une atmosphère suffisamment claire — « une bonne visibilité » — comme disent les artilleurs —, est indispensable.

Le 15, le 16 et le 17 juillet avaient été de belles journées ensoleillées ; mais belles journées des Flandres. Fine lumière, ciel d'un bleu délicat et vibrant qui ne se rencontre que dans ces régions du nord où l'azur n'a jamais le ton de saphir profond que l'on trouve ailleurs ; où flotte toujours à la surface du sol une brume qui s'argente au matin et se dore aux soirs glorieux. Enthousiasme des peintres qu'enchante cette vapeur d'or

____

(1) Ordre particulier n° 5, du 16 juillet.

qui enveloppe toutes choses, joie d'Albert Cuyp et de Paul Potter, mais désespoir des artilleurs.

La « visibilité » n'est jamais très bonne dans les Flandres. Et c'est pourquoi les artilleurs déclaraient volontiers que les Flandres n'étaient pas un terrain d'offensive.

Toutefois, cahin-caha, le travail s'avançait.

Mais voici que, le 18, le temps change. Nuages bas et pluie toute la journée.

Impossible de faire des réglages, d'observer, de prendre des photographies.

Le général, malgré tout, ne désespère pas encore d'être prêt pour la date fixée : le 25 juillet.

Le 18 juillet, il envisageait le commencement de la seconde phase, invitait l'A. L. C. et l'A. L. G. P. à se préparer par des réglages discrets à leurs tirs futurs de destruction.

Enfin, le 19 juillet, il dictait l'instruction générale n° 17, que nous analysions plus haut.

Mais le temps restait défavorable. Il pleuvait, il bruinait. L'observation continuait à être impossible. Le 20 encore, la visibilité était des plus médiocres. Ciel gris, aux faibles éclaircies. Brume...

Il fallait se résigner.

Le 21 juillet, le général Anthoine écrivait au maréchal Sir Douglas Haig pour lui rendre compte de la situation :

MONSIEUR LE MARÉCHAL,

J'ai l'honneur de vous rendre compte du travail fourni par l'artillerie de la Iᵉ Armée jusqu'à ce soir, 21 juillet.

Ce travail est peu considérable en raison de la mauvaise visibilité depuis le 15 juillet, date de l'ouverture du feu.

Pendant cette période, sauf deux demi-journées, l'observation aérienne a été impossible, et, comme, d'autre part, l'artillerie française, récemment installée, ne possédait pas d'éléments antérieurs de tirs qui puissent permettre de faire des concentrations, elle n'a tiré dans l'ensemble des sept jours que la valeur d'un jour de feu.

Le beau temps paraît avoir chance de s'installer; la situation s'améliore chaque jour par suite des nouveaux réglages acquis. Tout l'ensemble est au point et fonctionne bien.

Il s'ensuit que, dans l'hypothèse extrême où le temps serait constamment favorable jusqu'au 28, sans aucune défaillance, on peut encore arriver juste pour cette date.

Mais, pour tout autre cas, on est conduit, dès maintenant, à envisager sur les prévisions un retard d'une durée égale à celle de la période pendant laquelle l'observation aura été suspendue.

Veuillez agréer, Monsieur le Maréchal, l'assurance de mon respectueux dévouement.

Signé : P. ANTHOINE.

« Le beau temps paraît avoir chance de s'installer ».

Et en effet, le soir même de ce samedi 21 juillet, le ciel était d'une limpidité, d'une finesse incomparables.

Au-dessus de plaines coupées de haies, parsemées de fermes aux hautes toitures rouges et où les lignes d'arbres commençaient à s'assombrir, on voyait dans l'air rose du couchant les « saucisses » continuer à observer.

Le canon tonnait d'un roulement continu.

« Profiter du beau temps pour continuer à plein toute la journée de demain », disait dès le 21 au soir l'instruction particulière d'opérations n° 12, qui donnait les directives du tir pour le 22.

Et la journée du 22 était une journée radieuse, un dimanche d'été rayonnant.

Le beau temps semblait, enfin, nous favoriser !

***

A 9 h. 5, le général décidait que la seconde phase de la préparation : *destruction des orga-*

ntsations défensives, commencerait dès le lendemain matin.

« *Toutes les dispositions seront prises dès ce matin, pour que la deuxième phase de la préparation d'artillerie puisse commencer demain matin 23 juillet.*

La première journée de cette phase comportera un tir d'artillerie de tranchée (A. T.) sous la protection du concert des autres calibres. »

But ? « *Mettre à nu* », suivant la vigoureuse expression de l'ordre, les organisations bétonnées de l'ennemi en première ligne.

Sous l'immense ciel bleu déjà montait une brume de chaleur.

Souples feuilles des tiges de blé, et larges feuilles des betteraves brillaient, — comme aussi étincelaient les briques vernissées que l'on apercevait çà et là blotties entre les arbres.

Au loin, les champs d'or roux, les toits écarlates, les cultures aux planches rectilignes, les longs rideaux d'ormes ou de peupliers dormaient sous le ciel blanc de lumière. Çà et là, un moulin dressait en équerre ses ailes ajourées. Dans l'air rafraîchi par instant du souffle de la mer résonnait un joyeux concert de chants d'oiseaux, — mais dominé, étouffé par l'autre concert, le tonnerre lugubre et assourdissant de nos huit cent quatre-vingt-treize bouches à feu.

Sur toute l'étendue de notre front, d'Oostvleteren à Elverdinghe et de Noordschoote à Boesinghe, plus au sud, chez les Anglais, c'était un grondement sourd, semblable au ronflement d'une forge gigantesque mais forge à broyer les vies humaines ; cependant que dans les hauteurs du ciel, en plein azur, nos Spads pourchassaient le

Boche, livraient 23 combats (1), et permettaient à nos avions de reconnaissance et d'artillerie de prendre leurs clichés et effectuer leurs réglages.

« Le temps devient favorable, répétait le général Anthoine ; qu'on en profite! Qu'on utilise tous les instants (2) »*.

Le 23 juillet et les jours suivants l'artillerie de tranchée aidée de l'artillerie lourde courte allait procéder à la démolition des tranchées, des fils de fer et des blockhaus ennemis.

Mais dans cette plaine imprégnée d'eau, ces belles journées redevenaient des journées de brume au ras du sol.

Les réglages de contre-batterie se faisaient difficilement.

L'artillerie allemande, elle, tout en étant plus active, ne se départait pas d'une réserve obstinée. Elle ne voulait pas se dévoiler. Elle laissait, le 24 juillet, accabler son secteur de plus de 75.000 coups en ne répondant que par 4.000 !

Manœuvre fort dangereuse pour nous. Au jour de l'attaque pouvaient se révéler quantité de batteries muettes jusque-là qui entraveraient l'élan de notre infanterie ; d'autant plus que les moments de bonne visibilité étant décidément l'exception, le travail de contre-batterie ne pouvait être complet.

Aussi le général ordonnait-il d'établir grâce aux renseignements quotidiennement recueillis, une carte de celles des batteries ennemies qui, n'ayant pas été démolies au cours des tirs de destruction, devraient être contre-battues le jour J, « avant et pendant l'attaque d'infanterie pour être tout au moins neutralisées » (3).

____

(1) Deux avions boches furent probablement descendus.
(2) Instruction particulière d'opérations n° 13.
(3) Instruction générale d'opérations n° 19 (24 juillet).

*_**

Puis, comme il fallait de toute nécessité conquérir l'absolue maîtrise de l'air afin de poursuivre à plein les réglages en ne perdant pas une minute de bonne visibilité, et aussi de pouvoir annihiler l'aviation adverse au jour J, nos escadrilles recevaient l'ordre (1) de provoquer au combat l'aviation ennemie.

Le 27, elles allaient, en plein jour, entre 16 heures et 17 h. 30 bombarder la gare de Roulers, livraient 32 combats ; trois avions ennemis (2) étaient constatés abattus ; deux autres l'étaient probablement.

Et presque par toutes les nuits, parfois par des nuits d'encre, par une brume à ne pas voir à dix mètres (3), nos escadrilles de bombardement allaient lancer leurs obus sur les champs d'aviation, les cantonnements et les gares ennemies.

Le 16, elles avaient commencé leurs expéditions en bombardant le champ d'aviation d'Abeele ; le 21, elles allaient sur les gares de Zarren, Cortemarck, Lichtervelde, Roulers ; le 22, sur les gares de Staden et d'Houthulst ; le 23, sur Koekuit, Clerken et la gare de Cortemarck , enfin, le 27, par une brume épaisse à ne savoir comment se diriger, sur les gares de Staden, Cortemarck et Thourout.

*_**

Malheureusement, la brume gênait toujours notre contre-batterie, bien que le beau temps continuât.

----

(1) Ordre général d'opérations n° 52 (24 juillet 1917, 23 h. 45).

(2) Dont un par le capitaine Guynemer. C'était son 49°.

(3) Par exemple, la nuit du 23 juillet, qui fut très mauvaise.

Le jour « J » était fixé : ce devait être le mardi 31 juillet.

Or, le vendredi 27, sur cent-vingt emplacements de batteries reconnues en activité, on n'avait pu en battre encore que quatre-vingt dix-neuf. Trente-trois de ces emplacements battus avaient pu être étudiés par photographies aériennes. Quinze tirs avaient été jugés bons, neuf douteux, neuf mauvais. On pouvait donc estimer le nombre des batteries détruites — ou présumées telles (1) — à quarante ou quarante-cinq, un peu plus du tiers des batteries reconnues en action.

*
* *

Les destructions des organisations défensives étaient plus avancées.

L'artillerie de tranchée avait fort énergiquement accompli sa tâche.

Le 23 juillet, elle avait ouvert le feu. A 7 h. 45, les 58 et les 240 lançaient leurs premières bombes.

L'ouragan d'acier s'abattait sur les premières lignes boches jusqu'à 12 heures. A 13 heures, il reprenait.

Entre Hetsas et Boesinghe, le capitaine Trollet, qui commandait le 22ᵉ groupe d'A. T. opérant dans ce secteur, usait d'un artifice de tir. Il faisait battre au sud par une batterie (2), au nord par une autre (3), en laissant entre les deux zones

---

(1) « Présumées telles », car il est fort difficile de rien assurer en pareille matière. La photographie montre les coups reçus par la batterie. On voit que les casemates sont endommagées; mais rien ne permet d'affirmer qu'elles sont détruites. L'on a vu des batteries ayant subi un tir de destruction bien réglé, reprendre leur activité. Si la démolition n'est pas complète, le personnel répare les dommages; les pièces abîmées sont remises en état, au besoin remplacées, et la batterie recommence à tirer.

(2) La 127ᵉ.

(3) La 122ᵉ.

battues un intervalle. Puis, à droite comme à gauche, il faisait étaler le tir.

Assourdis sous leur béton par la résonnance des déflagrations formidables de bombes dont certaines, celles de 240, pèsent près de cent kilogrammes, les Boches sortaient affolés chercher refuge dans la zone plus calme.

A 15 heures, pendant une interruption de tir, trois officiers du groupe, le lieutenant Mélinette et les sous-lieutenants Bowles et Badu traversaient le canal sur une passerelle de fortune jetée à la hâte, parcouraient le chaos des lignes bouleversées et ramenaient dix-neuf Boches, dont trois sous-officiers. Tous étaient aphones, semblables à des bêtes traquées.

Le lendemain, c'était le capitaine lui-même qui, accompagné des lieutenants Mélinette et Badu, allait à la tombée de la nuit, à 19 h. 45, se rendre compte du point « où en était le travail ».

Ils pouvaient pénétrer à l'intérieur des lignes allemandes jusqu'à la Maison Carrée, c'est-à-dire à environ trois cents mètres du canal, sans être arrêtés par l'ennemi.

Du fond d'un abri, ils débusquaient sept Boches (dont un sous-officier) qui s'y étaient blottis, apeurés, et les ramenaient.

Si donc notre contre-batterie était contrariée, la destruction des organisations défensives s'annonçait au mieux.

Et de fait, le 27, des reconnaissances d'avions ayant vu que les premières lignes allemandes semblaient abandonnées, des patrouilles du 208e et du 110e franchissaient le canal et pénétraient sans rencontrer de résistance jusqu'à six cents à huit cents mètres à l'intérieur des lignes allemandes.

La puissance du bombardement avait forcé les défenseurs à abandonner la tranchée du canal.

Sans ordre. Bien au contraire. Car nous interceptions cette nuit même un radio ordonnant aux troupes allemandes d'aller réoccuper des positions !

Mais le général Anthoine était trop satisfait d'un succès qui facilitait à tel point le passage du canal par les vagues d'assaut pour ne pas en conserver les avantages.

Il donnait l'ordre de se maintenir dans le bois 14, c'est-à-dire à six cents mètres environ du canal au nord-est de Boesinghe, et prescrivait de continuer les destructions « en avant du contour apparent tenu par nos éléments avancés (1) ».

Ces tirs devaient être ponctués d'interruptions de manière à permettre, s'il y avait lieu, des reconnaissances.

En fait, donc, dès la nuit du 27 au 28, le canal était franchi.

Durant la journée du 28 juillet nous nous consolidions sur la rive est, et le 29, nos patrouilles pouvaient pénétrer dans toute la deuxième ligne de la première position boche depuis le boyau de Steenstraat jusqu'à la ferme du bois 14, où s'établissait notre liaison avec les Anglais.

Le général Anthoine prenait ses dernières dispositions pour l'attaque qui — somme toute — s'annonçait bien.

Le 26, il avait réglé l'organisation des liaisons des divers groupements d'artillerie entre eux et de ces groupements avec les unités d'infanterie (2). Chaque bataillon devait être appuyé

---

(1) Instruction particulière d'opérations n° 19 (27 juillet, 23 h. 15).

(2) Instruction générale n° 20 (26 juillet 1917).

pendant son attaque, par un groupe (1). Dès la veille au soir, chaque groupe appuyant un bataillon devait envoyer auprès du chef de bataillon son officier orienteur, lequel, durant toute l'attaque, marcherait à côté du chef de bataillon et ne rejoindrait son groupe que sur ordre de ce dernier.

Pour l'artillerie lourde courte (A. L. C.) chaque groupement chargé d'appuyer l'action d'un régiment envoyait de même auprès du colonel un détachement de liaison commandé par un officier.

Ainsi devait être assurée la collaboration intime des deux armes.

Cependant la contre-batterie continuait.

L'œuvre des destructions des organisations également.

En outre, le général estimait le moment venu de faire prendre énergiquement sous le feu de l'artillerie lourde à grande puissance (A. L. G. P.) les nœuds de communications de l'ennemi. Cent vingt-cinq coups de 320, trois cents coups de 16 de marine étaient tirés sur les gares de l'arrière ennemi le 29 et le 30, — alors que déjà dans la nuit du 28 au 29, nos avions les avaient bombardés de plus de cent-dix obus de 120 ou de 155.

Ainsi se trouvaient comme encagées dans un cercle de feu les unités allemandes auxquelles nous nous proposions d'enlever le terrain.

Quelles étaient maintenant ces unités ?

Nous avons vu que vers le 9 juillet, la 49e D. R. était venue remplacer la 80e D. I.. A sa gauche était la 19e D. L. (2) depuis fort longtemps dans

---

(1) Un groupe, c'est-à-dire trois batteries (de 75).
(2) D. L. division de landwehr. (V. supra.)

ce secteur ; à sa droite la 23ᵉ D. R. qui y était arrivée en même temps que la 49ᵉ D. R.

Or, cette dernière qui, ainsi que la 23ᵉ D. R. (1), venait du repos lorsqu'elle avait été engagée et était alors en bonne forme, avait subi de telles pertes que, déjà, il avait fallu la relever. Le commandement ennemi en avait profité pour renforcer l'occupation.

En effet, la division avait été remplacée, partie par la 40ᵉ D. I. — qui prenait en même temps une portion du secteur de la 19ᵉ D. L. —, partie par la 111ᵉ D. I.

L'entrée en ligne de la 40ᵉ D. I. avait commencé dès le 23 juillet. L'un de ses régiments avait relevé le 225ᵉ réserve (49ᵉ D. R.) à l'est de Steenstraat. Les deux autres avaient remplacé plus au nord deux régiments de la 19ᵉ D. L. savoir : le 181ᵉ R. I., le 383ᵉ L. (2) au nord de Steenstraat, et le 134ᵉ R. I. le 385ᵉ L. dans le secteur de Merckem.

On remplaçait deux régiments de landwehr par deux régiments d'active.

Cette relève montrait donc qu'une double nécessité s'imposait au commandement boche : 1° renforcer le front ; 2° relever dès le 23 juillet une unité qui n'était en ligne que depuis le 8 ou le 9.

Il faut croire d'ailleurs que l'endroit était devenu particulièrement malsain, car, ainsi que nous le verrons, le séjour du 104ᵉ y sera des plus courts.

La 40ᵉ D. I. (3) était une division saxonne qui s'était bien comportée antérieurement, et qui

---

(1) Cette division devait être relevée par la 3ᵉ D. G. (division de la Garde), dans la nuit même du 30 au 31 juillet.

(2) L. : landwehr.

(3) Général Meister : 104ᵉ R. I., 181ᵉ R. I., 134ᵉ R. I.

venait d'être mise au repos à Bruges depuis le 12 juin.

La 111e D. I. (1), elle aussi venait du repos. Elle y était aux environs de Cambrai, depuis le 24 juin. C'était une division de l'Allemagne du Nord : le 73e et le 164e étaient hanovriens, le 76e recruté dans la région de Hambourg.

Son entrée en secteur n'avait commencé que dans la nuit du 27 au 28. Le 76e avait pris la place du 226e réserve (49e D. R.) à l'est d'Hetsas ; le 73e R. I., celle du 228e réserve, à l'est de Boesinghe.

Quant au troisième régiment de la division, le 164e, sa destination était symptomatique : il était en réserve des deux premiers et dans cette même nuit du 27 au 28 juillet, son 1er bataillon relevait le 3e du 104e R. I., qui avait déjà subi de terribles pertes.

D'ailleurs le 104e tout entier, — et pour la même raison — était momentanément mis à l'arrière.

Il avait duré quatre jours !

Les relèves à elles seules coûtaient en effet aux Boches de sérieuses pertes.

Elles s'accomplissaient dans un terrain où il est impossible de creuser un boyau ; où il fallait circuler sur des pistes à découvert. Or, du 26 au 30 juillet, nos canons ne tiraient pas moins de quatre vingt mille à cent mille obus par jour !

Quant aux régiments en ligne, nous nous rendons compte de ce que pouvait être leur vie par le sort du 104e R. I..

Pendant ces trois ou quatre jours qui précédèrent l'assaut, les unités boches en secteur ne purent recevoir aucun ravitaillement d'aucune sorte, ni en vivres, ni en munitions.

____

(1) Général Von Busse : 73e R. I., 76e R. I., 164e R. I., tous régiments d'active.

Nos tirs « d'interdiction » empêchaient toute communication avec l'arrière. Un commandant de compagnie du 164ᵉ R. I. fait prisonnier le 31 juillet déclarait que durant les trois jours qu'il était resté en ligne, il n'avait pu communiquer que deux fois avec son chef de bataillon (1) !

Malheureusement, le temps se mettait contre nous. Le 30, il pleuvait toute la journée. Le sol était détrempé. C'était dans un chaos où les énormes trous creusés par nos bombes étaient devenus autant de mares ; où le petit nombre de cheminements possibles étaient des cloaques dans lesquels on enfonçait jusqu'aux genoux, que nos fantassins allaient avoir à progresser le 31 au petit jour.

L'Horaire de la première attaque.

La 1ʳᵉ division avait pour mission de s'avancer à droite depuis la sortie nord de Boesinghe jusqu'à 200 mètres environ au nord de l'écluse d'Hetsas (1.200 mètres).

Son ordre de bataille était, de droite à gauche : en première ligne, deux bataillons du 201ᵉ (celui de droite en liaison avec les Guards anglais), un bataillon du 233ᵉ, un bataillon du 1ᵉʳ ; en réserve de division : un bataillon du 233ᵉ et un du 1ᵉʳ à la disposition du général Grégoire.

La 51ᵉ D. I., elle, devait attaquer depuis le secteur de la 1ʳᵉ (c'est-à-dire 200 mètres au nord de l'écluse d'Hetsas) jusqu'à 300 mètres au nord du pont de Steenstraat, soit sur un front de 1.250 mètres.

Son ordre de bataille était : en première ligne,

----

(1) Ceci ne surprendra pas les combattants. Ils ont tous subi pareil sort à Verdun.

de la droite à la gauche, deux bataillons du 33ᵉ, et deux bataillons du 73ᵉ. Un bataillon du 33ᵉ restait en seconde ligne ; un bataillon du 73ᵉ gardait le secteur passif à gauche du front d'attaque ; un bataillon du 273ᵉ était en réserve de division, à la disposition du général Boulangé.

Les deux autres bataillons du 273ᵉ formaient réserve de corps d'armée.

L'heure H était fixée à 3 h. 50.

Pendant tout le temps réservé au passage du canal, le barrage roulant de 75 devait se maintenir à une distance variant de 150 à 200 mètres de la rive est du canal, afin de protéger d'un rideau de feu le franchissement.

A 4 h. 26, ce barrage roulant se lèverait et progresserait à la vitesse prescrite de cent mètres en quatre minutes, avec temps d'arrêt afin de ne pas dépasser le barrage anglais.

Les plans d'engagement des divisions avaient réglé les phases de l'assaut et de son horaire, suivant les directives édictées par le plan général d'attaque étudié plus haut.

Trois bonds étaient prévus.

Le premier devait nous rendre maîtres des deux premières lignes ennemies de la route de Dixmude jusqu'à la corne nord du bois 15, où se faisait la liaison avec les Guards.

Un temps d'arrêt permettrait aux unités de se reformer.

A H + 1 h. 58, (c'est-à-dire à 5 h. 48), aurait lieu le deuxième bond, qui ferait progresser la 1ʳᵉ D. I. et le régiment de droite de la 51ᵉ D. I. (33ᵉ R. I.) de quatre cents à cinq cents mètres en direction de la 3ᵉ ligne allemande (tranchée Kortekeer) ; le régiment de gauche, formant pivot de manœuvre d'une aile marchante en mouvement de conversion à gauche, se bornerait à assurer ses positions.

A 7 h. 10, partirait le troisième bond. A ce moment s'effectuerait « le passage de lignes », c'est-à-dire le passage des bataillons de deuxième ligne en première, où ils remplaceraient les unités jusque-là engagées et placées désormais en soutien (1).

Le troisième bond devait nous mener à distance d'assaut de la tranchée Kortekeer (2).

Dans l'ignorance où l'on était de la solidité de cette organisation, sa conquête n'était toujours pas prévue dans les objectifs normaux du 31 juillet.

Sans doute, les photographies aériennes la montraient comme fortement démolie. Mais elle était hors de portée de l'action de l'artillerie de tranchée, — notre plus sûr instrument de destruction de fils de fer et des blockhaus ; et les renseignements donnés par les interrogatoires de prisonniers ne permettaient pas d'avoir une opinion vraiment ferme sur les difficultés d'enlèvement de cette position.

Toutefois, comme nos troupes allaient avoir ultérieurement à attaquer aussitôt que possible cette troisième ligne allemande afin de se porter jusqu'au Steenbeek, en accord avec l'avance des troupes britanniques sur Langemarck, un objec-

---

(1) C'était la première fois que cette manœuvre était accomplie devant l'ennemi.

(2) La ligne à atteindre était la suivante : ferme Stampkot et extrémité sud de la tranchée de Stampkot, tranchée du Pigeonnier, ferme Cheurot, lisières nord-est et est du bois Triangulaire, ferme du Tilleul, batterie 44-87, ferme du Chaume, batteries 50-86, 54-86 et 55-83 ; chemin à 100 mètres de la batterie 55-83, ferme de la Fourche.

tif était prévu pour la journée même du 31 juillet.

On devait — au cas où le désordre de l'ennemi permettrait une progression facile — enlever la tranchée Kortekeer (1), depuis le chemin de Bixschoote jusqu'au Steenbeek (2).

*
* *

Voici maintenant, comment était réglée la protection des vagues d'assaut.

Le 27e régiment d'artillerie de campagne appuyait le mouvement du 201e R. I. ; le 55e, celui du 233e R. I. ; le 15e, celui du 1er R. I. ; le 265e, celui du 33e R. I. ; le 215e, celui du 73e R. I.

L'économie de cet appui était la suivante.

Dans chacun des secteurs des trois premiers régiments (division de droite, 1re D.I.) un groupe (3), au moment de l'assaut, devait tenir sous son feu les tranchées, boyaux et ouvrages situés en avant de la deuxième ligne allemande et pouvant servir d'abris pour des observateurs ou des mitrailleuses. Nous avons vu que la distance entre la ligne de tranchées du canal et la deuxième ligne allait en augmentant du nord au sud. Elle était, devant le front de la 1re D. I., de 600 mètres à la liaison avec la 51e D. I., et de 1.150 mètres, à la liaison avec les Anglais. Sur cette profondeur les batteries casematées, les fils de fer abondaient. Il y avait donc nécessité à neutraliser l'action des détachements occupant ces abris par des tirs sérieux.

Cependant, *toute l'artillerie lourde courte* avait

---

(1) Le « Querriegel N. » des Boches.
(2) La ligne de l'avance serait alors la suivante : boyau du Colombier, nœud de boyaux et tranchées du Carrefour des Abris, tranchée Kortekeer jusqu'au Steenbeek.
(3) C'est-à-dire trois batteries.

l'ordre d'exécuter un tir intense sur la deuxième ligne allemande elle-même et les lisières du bois 14. Au fur et à mesure de la progression, ses barrages devaient atteindre les tranchées plus éloignées, et être remplacés sur les précédentes par le barrage roulant du 75.

Celui-ci était réglé de la manière suivante :

Dans chacun des secteurs des trois régiments de droite, il était confié à deux groupes. Quatre batteries tireraient à obus explosifs devant les premières vagues à la vitesse indiquée plus haut : cent mètres toutes les quatre minutes, (1) en se stabilisant de temps à autre pour ne pas devancer le barrage britannique. Les deux batteries restantes tireraient deux cents mètres plus loin et allongeraient de cent mètres toutes les quatre minutes.

Enfin, l'artillerie lourde longue devait couvrir l'attaque par une énergique contre-batterie.

Pour la division de gauche (51e) les dispositions étaient un peu différentes. Les deux régiments d'artillerie exécuteraient des barrages roulants à obus explosifs devant les vagues d'assaut à la même vitesse que les régiments d'artillerie de droite.

Mais une nécessité s'imposait : couvrir le flanc gauche de l'attaque.

Tandis qu'en avant des barrages, le 265e R. A. C. ferait un « peignage » à obus fusants et se tiendrait prêt à accueillir toute contre-attaque

____

(1) Pour plus de précision, 50 mètres toutes les deux minutes.

ennemie, notamment sur le flanc gauche, un groupe du 215e R. A. C. était spécialement affecté à l'exécution d'un barrage de protection du flanc du 73e R. I.

Pour l'A. L. C. et l'artillerie lourde longue, les prescriptions étaient les mêmes que pour la division de droite.

Enfin, cette action d'artillerie était complétée par des barrages de mitrailleuses, suivant, comme les barrages roulants de 75, l'horaire prévu pour l'infanterie.

A droite, (1) ils devaient battre la zone boisée en arrière de la deuxième position ennemie et flanquer de leur feu les lignes conquises. Au moment du départ pour le deuxième bond, elles devaient venir s'installer à la lisière est du bois Triangulaire et dans le bois du Tilleul de manière à prendre sous des feux d'enfilade les positions boches en arrière de la tranchée Kortekeer, — en particulier la ferme des Lilas et ses environs.

A gauche, la compagnie de mitrailleuses du bataillon du 73e R. I. occupant le sud de la zone défensive devait protéger d'un barrage de flanquement l'aile gauche de la division, tandis que trois autres compagnies (2) exécuteraient un barrage mobile précédant les vagues d'assaut de quatre cent cinquante à cinq cents mètres.

Tout était donc prévu.

La machine était montée comme un mécanisme

---

(1) Trois compagnies de la 2e D. I.
(2) Deux de la 162e D. I. et une du 32e B. C. P.

d'horlogerie. Il n'y avait plus qu'à presser le déclic.

Le 30 juillet, à 11 h. 20, le général Anthoine lançait ses dernières instructions (1).

La neutralisation générale devait commencer à 1 heure. A 2 heures, elle devait avoir pris toute son intensité, qui resterait dès lors constante. Elle serait « *dans toute la mesure possible à obus toxiques* », et ne cesserait qu'une fois l'infanterie installée *sur* son objectif final, *et sur sa demande.*

Une dernière fois, et formellement, le général rappelait « *qu'aucune modification à la cadence du tir ne devait déceler à l'oreille les diverses phases de l'attaque* ».

Afin que l'aviation ennemie ne puisse apercevoir nos troupes en formation de départ au petit jour, nos escadrilles devaient constituer un barrage *en hauteur et en profondeur ; « interdire le passage des avions aux différentes altitudes* (2) *; écarter notamment les appareils volant bas. Au cours de la journée elles devaient assurer la protection des avions de réglage, et agir d'une façon continua sur toute l'étendue du champ de bataille : bombardements et attaques à la mitrailleuse des troupes, réserves, batteries, »* etc.

Le général était plein de confiance. La possession de l'objectif éventuel lui apparaissait comme devant être facile et il estimait que l'on pourrait aller au delà et prendre Bixschoote dans la soirée du 31 juillet (3).

Les événements allaient dépasser ces espérances.

---

(1) Ordre général d'opérations n° 58.
(2) Instruction générale n° 21, du 30 juillet 1917.
(3) Ordre général d'opérations n° 58 (paragraphe V).

TROISIÈME PARTIE

Les Attaques.

CHAPITRE PREMIER

L'Attaque du 31 Juillet.

Dans la nuit du 29 au 30 juillet, les troupes d'attaque vinrent relever la 2ᵉ et la 162ᵉ D. I. qui avaient tenu le secteur jusque-là.

Les généraux Grégoire, commandant la 1ʳᵉ D. I. et Boulangé, commandant la 51ᵉ D. I. prenaient le commandement de leur secteur respectif. (1)

La nuit précédente, des reconnaissances exécutées par les groupes francs de la 162ᵉ D. I. à partir de 2 h. 30, avaient trouvé la seconde ligne allemande inoccupée dans sa partie gauche (avoisinant la route de Steenstraat).

D'autres reconnaissances exécutées cette nuit même du 29 au 30 juillet avaient confirmé ce renseignement.

Cependant les troupes d'assaut, c'est-à-dire de droite à gauche le 201ᵉ R. I., le 233ᵉ R. I. et le 1ᵉʳ R. I. (1ʳᵉ D. I.), le 33ᵉ R. I. et le 73ᵉ R. I. (51ᵉ D.I.) le 33ᵉ R. I. et le 73ᵉ R. I. (51ᵉ D. I.) occupaient leurs emplacements (2).

---

(1) A la 51ᵉ D. I. était adjointe la 213ᵉ brigade, moins le 54ᵉ bataillon sénégalais.

(2) Etaient en première ligne les 4ᵉ et 5ᵉ bataillons du 201ᵉ, le 5ᵉ bataillon du 233ᵉ, le 2ᵉ bataillon du 1ᵉʳ, le 1ᵉʳ bataillon du 33ᵉ, le 2ᵉ bataillon du 53ᵉ, les 2ᵉ et 3ᵉ bataillons du 73ᵉ R. I.

Le 30 au matin dès le petit jour, elles envoyaient des patrouilles au delà du canal, afin de reconnaître le terrain où devait se dérouler l'attaque. Les hommes revenaient émerveillés du travail de l'artillerie, du bouleversement prodigieux du terrain.

Dans ce chaos les Boches survivants erraient à l'aventure, hagards, désorientés, de trous d'obus en trous d'obus, les uns encore équipés, portant le petit sac de toile et casque en tête ; d'autres n'ayant plus rien. L'extrême jeunesse de certains avait frappé. Le caporal Bonnet de la 21ᵉ compagnie du 201ᵉ, qui avait fait deux prisonniers déclarait dans son rapport que « l'un d'eux de la classe 1918 avait une vraie figure de fille chétive ». L'autre qui était plus âgé, et qui, ayant travaillé en France, parlait très correctement le français, lui avait dit : « Tous ces bleus ne veulent pas se battre. »

— Je n'ai jamais vu un enfer pareil, avait-il ajouté. La Somme et Verdun n'étaient qu'un amusement auprès.

Ces renseignements, ces propos se répandaient dans les unités, exaltaient les courages.

Transis par les deux jours passés sous la pluie, dans la boue, les hommes étaient néanmoins pleins d'ardeur.

La veille, le dimanche 29, avait éclaté un violent orage. Le lundi 30 était encore un jour triste, ouaté de brume. Il bruinait ; pluie fine et crachin. Les troupiers, enveloppés de leur toile de tente, grelottaient comme si, déjà, l'on se fût trouvé en automne.

Mais le sort en était jeté : l'attaque allait se déclencher.

***

A la nuit tombante, dans le grondement du feu roulant de nos batteries qui semblait grandir à l'approche des ténèbres, les compagnies du génie et les pionniers régimentaires se mettaient en devoir de lancer des passerelles sur ce canal de l'Yser, qui depuis plus de deux ans (1) séparait les lignes françaises des lignes allemandes.

Il s'annonçait de loin par une double rangée d'arbres qui courait le long du chemin de halage sur la rive occidentale, hauts peupliers inclinés au vent de norrois soufflant de la mer et qui maintenant étêtés, dépouillés de leur écorce, déchiquetés par les obus, n'étaient plus que des moignons où de place en place verdissait encore une brindille. Au delà, le fossé constitué par le canal avait, ainsi que nous l'avons vu, une soixantaine de mètres d'un bord à l'autre.

C'était la 51ᵉ D. I. qui devait traverser le blanc d'eau s'allongeant au nord de l'écluse d'Hetsas ; devant la 1ʳᵉ D. I., se creusait la partie demi séchée, — sorte de marécage herbeux aux pentes lépreuses, éboulis de terre verdâtre, et au fond duquel, parmi les hautes herbes où s'arrondissaient des flaques circulaires qui étaient des trous d'obus, ruisselaient des filets d'eau.

Les passerelles qui devaient permettre le passage étaient constituées d'éléments ayant chacun quatre mètres de long et reposant sur deux flotteurs. A chaque extrémité, deux crochets permettaient d'assujettir l'élément suivant.

Eléments de passerelles, pieux pour les fixer, poutrelles pour les mains courantes, etc. avaient été amenés les nuits précédentes à proximité des premières lignes, dans ce que l'on appelait la ligne des A (2).

---

(1) Depuis l'attaque allemande par les gaz d'avril 1915.

(2) Celle de nos lignes la plus près du canal. Par derrière, venaient successivement la ligne des B, des C, et des D.

A deux heures du matin, 28 passerelles étaient placées devant le front de la 51e D. I. et 26 devant celui de la Ire.

*
* *

Dans la nuit noire, le feu de notre artillerie roulait comme un tonnerre continu.

Suivant les ordres donnés par le général Anthoine, à une heure nos batteries avaient commencé leurs tirs de neutralisation à obus toxiques. D'un rythme précipité, elles battaient les organisations ennemies, — sans grande réponse de la part de l'artillerie adverse.

A l'abri de ce rideau de feu dont les éclatements formaient au delà du canal comme une ligne d'éclairs fauves dans les ténèbres, les colonnes par un des bataillons d'assaut s'engageaient sur les passerelles à l'heure H, 3 h. 50.

En silence.

On ne distinguait dans l'intervalle des craquements des obus de 75, que le piétinement des lourds souliers sur les planchettes et le cliquetis des armes. Théories d'ombres dans la brume obscure que blanchissaient faiblement vers l'est, sur la plaine sombre où fulguraient les explosions, les premières pâleurs du matin.

Des fusées rayaient au loin les ténèbres, — appel des Boches à leurs batteries. Et, en effet, quelques obus arrivaient sur le canal, faisant jaillir des gerbes d'eau et de boue, brisant à notre gauche (dans le secteur du 33e) plusieurs passerelles, abattant aussi — hélas ! — quelques-unes de ces ombres qui d'un mouvement ininterrompu suivaient lesdites passerelles pour gagner les emplacements fixés.

Toutefois c'est avec des pièces bien légères que nos huit bataillons s'installaient sur l'autre rive du canal.

Le bouleversement des premières lignes boches était effroyable. Les cubes de béton le long de la berge étaient fissurés, écornés, défoncés comme si quelque marteau gigantesque les avait frappés. Autour d'eux, nos torpilles avaient ouvert de véritables excavations, certaines ayant sept à huit mètres de profondeur. Jamais les troupes du 1er C. A., qui cependant avait fait bien des attaques, ne s'étaient avancées à travers un sol aussi chaotique.

Dans la semi-clarté du petit jour, on distinguait, auprès de l'eau croupissante qui transformait en mares les trous d'obus, un fouillis de rails, de poutres brisées, de planches, de lambeaux d'étoffe, d'équipements, de boîtes de conserves vides, de débris sans nom, — restes de l'occupation boche. Circulant avec d'incroyables difficultés entre les trous d'obus, enfonçant dans la boue, glissant, butant à chaque pas, nos hommes gagnèrent la ligne à quelque cinquante mètres en avant de la rive, d'où ils devaient, à 4 h. 26, quand se lèverait le barrage roulant, partir à l'assaut des objectifs qui leur étaient assignés.

*
* *

Le jour se levait lentement. Une lumière pâle, diffuse, perçait timidement les lourds nuages noirs qui couraient dans le ciel immense.

A 4 h. 26, tout le monde était en place, prêt à s'élancer en avant.

Le barrage se leva, avançant à l'allure prescrite et semblant appeler à sa suite le fantassin.

La vue de l'extraordinaire travail de notre artillerie, le peu de pertes que l'on avait eu jusque-là — nombre de compagnies n'avaient pas un blessé — fortifiaient de confiance tous les cœurs. Au silence angoissé du début succédait une belle humeur assurée. D'ailleurs le jour s'était levé. L'on repartit, l'arme à la bretelle, la cigarette ou la pipe aux lèvres ; et quelques-uns dans ces vieux régiments du Nord, fredonnaient la chanson de Desrousseaux si populaire là-bas : « Dors, min p'tit quinquin... » Souvenir du foyer et des belles heures d'autrefois.

« Nous sommes à trente-cinq kilomètres de chez nous », me disait l'un d'eux.

La marche en avant commença lente et pénible. Les colonnes d'escouade par un serpentaient sur le bord des cratères, et suivaient au plus près le barrage roulant dont les craquements rageurs et les éclats qui revenaient en sifflant retenaient notre ardeur.

Les Boches déclenchaient d'ailleurs presque aussitôt (4 h. 30) un barrage de 150 sur le terrain d'attaque, ainsi que sur le canal et la ligne des A.

Ils occasionnaient quelques pertes, principalement parmi les mitrailleurs, qui, lourdement chargés, avaient plus de peine à se déplacer et à se planquer dans les trous d'obus.

Cependant, dès cinq heures, les premiers objectifs étaient atteints par endroits, c'est-à-dire la deuxième ligne de la première position allemande : Tranchée Pompadour, ouvrage Elliptique, ferme Charpentier, tranchées de Lutzebeek, du Casque, du Pigeonnier et de Stampkot.

A 5 h. 45, ces ouvrages étaient franchis dans leur totalité. Presque partout, ils étaient si complètement détruits que des gabionnages effondrés et des cadavres boches en marquaient seuls la trace.

Il n'y eut de résistance que sur de rares points isolés ; à l'ouvrage Elliptique, par exemple, où dans un abri retourné le sous-lieutenant Loir (1)

---

(1) 18e compagnie du 233e R. I.

faisait quatre prisonniers ; dans un abri du bois du Génie, à gauche de l'ouvrage Elliptique, où une autre compagnie (1) du même régiment faisait trois prisonniers après une courte lutte, etc.

La facilité de la progression, le peu de résistance de l'ennemi, la faible réaction de l'artillerie boche (2), la perfection de l'accompagnement de notre 75 exaltaient les courages. « C'était, déclarait quelques jours plus tard un vieux combattant (3), c'était pour les vieux poilus une vraie joie ; jamais on n'avait vu pareil travail d'artillerie, jamais le Boche n'avait été maté à ce point ».

Comme le « plafond » était bas, nos avions d'infanterie survolaient les vagues d'assaut à 50 mètres. Il en est qui volèrent si bas qu'ils ne purent dérouler leur antenne de T. S. F. ; un appareil reçut de la terre et des cailloux projetés par les explosions au sol !

Ils évoluaient dans la fumée des éclatements, sous les nuages, au milieu des trajectoires, sans souci des remous qui secouaient l'appareil ni des balles de mitrailleuses — de ces mitrailleuses terrestres devant lesquelles l'avion est aveugle, et dont il ne soupçonne la présence que lorsqu'il entend les balles arriver dans sa carlingue.

Héroïquement, ils accomplirent, sans un instant de défaillance, leur travail d'observation et de liaison.

Ils se disaient : « En bas, sur la terre, à travers le sol mouvant et bouleversé, sont des hommes

---

(1) La 19ᵉ compagnie.
(2) Jusqu'à midi, l'artillerie boche fut peu active. « Nous ne pouvons tirer, nous sommes nous-mêmes sous le feu », disait une batterie boche par un radio en clair intercepté. (Voir *B. R.* 59, du 18 août 17.)
(3) Le sergent Werquin, un Arrageois de la classe 1915 (201ᵉ R. I., 21ᵉ compagnie).

qui meurent. Erroné ou incomplet, le renseignement apporté coûtera peut-être la vie à une compagnie, à un bataillon, compromettra le succès
de l'opération. Il me faut accomplir ma mission ».

Et ils l'accomplirent magnifiquement. Pas un
instant où notre commandement n'ait été —
grâce à eux — exactement renseigné sur notre
progression.

A 5 h. 48, l'assaut repartait vers les seconds
objectifs.

Cette deuxième avance se faisait sans rencontrer plus de résistance que la première. Çà et là
quelques cubes de béton culbutés, certains abritant des défenseurs qui étaient immédiatement
tués ou faits prisonniers, c'est tout ce qui restait
des organisations ennemies.

Et de toutes parts gisaient des cadavres horri-
blement déchiquetés.

Mais la marche dans ce terrain bouleversé,
détrempé, où l'on enfonçait jusqu'aux genoux
était extrêmement pénible.

Les grêles colonnes traversèrent néanmoins
d'un mouvement lent et continu le terre-plein
planté de piquets noirs, déchiquetés, qui avaient
été les arbres du bois 16, du bois Triangulaire et
du bois Cheurot.

Vers 7 heures, les seconds objectifs étaient conquis dans leur totalité (1), c'est-à-dire la ferme
Cheurot, la lisière nord des bois Triangulaire et
du Tilleul, les fermes des Statuettes et de Loobeek.

A 7 h. 16, conformément à l'horaire fixé, s'opérait à la 1re D. I., le « passage de ligne ». Les

____

(1) Certaines unités avaient atteints les leurs dès
6 h. 15.

bataillons jusque-là en seconde ligne : 6e du 201e, 6e du 233e, 3e du 1er R. I., « passaient » la ligne occupée par les 5e bataillon du 201e, 5e du 233e, et 2e du 1er et prenaient leur place en tête du mouvement.

Le 4e bataillon du 201e R. I. continuait à assurer la liaison avec les Guards.

La marche en avant reprenait, cette fois sur le troisième objectif.

Le jour devenait moins sombre.

On voyait les nuages glisser à travers le ciel sur de vagues traînées bleues. Entre les masses grises ou violet foncé, étincelait vers l'est une nappe lumineuse qui éclairait les nuages d'argent sur lesquels nos avions semblaient des oiseaux noirs.

Maintenant que l'on avait dépassé le léger renflement de terrain parsemé de bois, les pentes descendaient doucement vers le Steenbeek. Au loin une ligne sombre s'apercevait dominant toute la plaine, et où rougeoyaient les lueurs des départs : la forêt d'Houthulst.

Les hommes étaient heureux d'avancer, de passer à côté des batteries allemandes démolies, dont les embrasures béantes, vides de pièces, montraient l'intérieur jonché de débris, déjà envahi par l'eau.

A gauche, dès 8 h. 13, un message lesté annonçait que la tranchée Kortekeer était occupée depuis la maison des Gaziers jusqu'au chemin de Bixschoote.

Trois reconnaissances du 273e, l'une d'un peloton et d'une section de mitrailleuses, les deux autres d'une section d'infanterie et d'une section de mitrailleuses, y étaient parvenues, l'avaient trouvée démolie, les gabionnages renversés, comblée par endroits, les abris évacués. Les vagues d'assaut du 33ᵉ étaient venues les y rejoindre, faisant prisonniers une trentaine d'ennemis qui occupaient un abri situé à cent mètres environ en avant de la tranchée.

Le 1ᵉʳ R. I., dès 9 heures, avait également atteint Körtekeer ; des éléments tenaient même la maison du Grec et le carrefour du moulin Bleu. Mais des coups trop courts de notre artillerie lourde les avaient contraints de reculer momentanément.

A droite du 1ᵉʳ, la 23ᵉ compagnie du 233ᵉ, serrant au plus près derrière le tir de barrage, était arrivée sur le blockhaus de la maison Erissein avant que la garnison fut revenue de sa surprise et eût pu se mettre en état de défense. Trente-sept « Fritz » (dont un sous-officier), prenaient le chemin de l'arrière, — cependant que la 22ᵉ compagnie tuait ou mettait en fuite les servants d'une mitrailleuse blottie dans un trou d'obus.

A 9 heures, tous les objectifs du troisième bond étaient enlevés, — sauf à notre droite.

Là, en effet, les difficultés étaient plus grandes.

A mesure que l'on allait de l'avant, la destruction des abris et des fils de fer était moins complète.

Ce n'était plus le chaos effroyable des deux premières lignes, où toute végétation avait disparu. On voyait ici reparaître l'herbe entre les entonnoirs d'obus.

De plus le rideau de feu que constituait le barrage roulant devenait moins épais. La dispersion était plus grande. On ne pouvait plus « coller » au barrage ; il fallait se tenir à distance pour éviter les coups trop courts. Encore quelques-uns de nos hommes ne prenant pas soin de modérer leur allure furent-ils atteints.

Enfin, le tir de barrage boche se déclenchait en avant de la tranchée Kortekeer, dense surtout à notre contact avec les Anglais.

Le 201ᵉ était arrêté devant trois emplacements de batteries Boches, lesquels avaient été dégarnis de leurs canons et armés de mitrailleuses : batteries 55-83, 53-86, 54-86. A l'extrême droite, le 4ᵉ bataillon n'avait pu encore enlever le blockhaus appelé la ferme du Colonel.

Cependant à gauche, la progression continuait.

Les espérances étaient largement dépassées.

Le sous-lieutenant Deverchère (du 33ᵉ R. I.) entrait le premier dans Bixschoote. A 9 h. 50 le village était à nous. (2ᵉ bataillon du 33ᵉ).

A 10 h. 10, le 3ᵉ bataillon du 73ᵉ (bataillon Vidal), occupait la ligne Smiske-Cabaret-Bixschoote et le 1ᵉʳ bataillon du 33ᵉ (bataillon Granjon) la ligne Bixschoote-ferme des Cuirassiers.

Cependant le 3ᵉ bataillon du 1ᵉʳ R. I. et le 6ᵉ bataillon du 233ᵉ R. I. s'organisaient dans Kortekeer ; par une manœuvre bien menée, en le débordant au Nord avec des éléments de son 6ᵉ bataillon, au sud, avec des éléments du 4ᵉ, le lieutenant-colonel Mougin (commandant le 201ᵉ) enlevait le blockhaus de la ferme du Colonel (12 h 30).

Quatre mitrailleuses, deux canons de tranchée restaient entre nos mains.

A 13 h. 30, toutes les résistances étaient réduites. Partout nos objectifs étaient atteints et, sur notre gauche, par la prise de Bixschoote et de Smiske-Cabaret, largement dépassés.

*
* *

Nos poilus, malgré les effroyables difficultés du terrain, étaient enthousiasmés de leur victoire.

Les agents de liaison, les blessés évacués, en passant près de nos batteries criaient : « Bravo ! les artilleurs ».

Un blessé oubliant ses souffrances leur lançait : « On les a ! On les a ! Vive la France ! ».

Cependant une centaine de prisonniers prenaient le chemin de nos P. C.

« Hein ! Ce n'est pas comme cela que vous croyiez y aller à Paname ! »

Deux contre-attaques en direction de Bixschoote, appuyées par un fort bombardement, étaient éventées par nos avions et aisément enrayées, l'une à 12 h. 45, l'autre à 17 heures.

Les détails de cette dernière nous furent donnés par un prisonnier du 15e rég. de réserve (11e compagnie).

A 10 heures, le commandement boche avait lancé contre nous des éléments d'une division de la Garde, la 2e D. R. G. : 15e R., 91e R. et 77e R.

Le 15e réserve fut alerté vers 10 heures.

Il était cantonné à Stampkot, au nord-est de la forêt d'Houthulst. On déclara aux hommes : « Nous allons faire une marche manœuvre. » Les troupes traversèrent la forêt d'Houthulst. Elles arrivent à Bixschoote, au delà de la lisière ouest, vers 13 heures.

Après une halte de 20 minutes, ordre de se déployer.

« Wir müssen die Franzosen heraus schmeissen. » (Il nous faut jeter dehors les Français.)

On se déploie et on marche en direction de Bixschoote. « Mais à partir de ce moment-là, déclarait le prisonnier, — un grand gaillard solide, Berlinois, type du soldat de la Garde — les hommes restèrent en arrière. » Sur cent trente combattants, que comptait la compagnie, c'est à peine si cinquante arrivèrent à distance d'assaut, c'est-à-dire à environ deux cents mètres des positions occupées par nous.

Notre barrage se déclencha.

Il n'y en eut que quelques-uns à le traverser. Encore, furent-ils pris sous le feu de deux mitrailleuses, abattus ou faits prisonniers.

De la tranchée Kortekeer, nos soldats découvraient tout le terrain jusqu'au delà du Steenbeek. Ils voyaient sur l'autre rive du petit ruisseau les pièces boches embourbées que les artilleurs avaient dû abandonner, les caissons tout attelés. Sur l'un d'eux, un Boche, renversé, tenait encore les rênes des chevaux morts. Plus loin, un gros obusier était resté sur le bord du chemin. Et partout des cadavres, des arbres dont on voyait l'aubier déchiqueté, des débris sans nom sur la terre noire bouleversée...

A 16 heures, du ciel sombre la pluie avait commencé à tomber. Le terrain, — où cependant la nécessité ordonnait de s'organiser défensivement —, devenait un véritable marais. Les tranchées, dans cette argile où l'on ne peut creuser par temps sec à un mètre sans trouver l'eau, se transformaient sous la pluie en ruisseaux boueux. Maintenant qu'il fallait, sur place, veiller pour garder les positions conquises, qu'ils n'étaient plus échauffés par le mouvement, les hommes trempés jusqu'aux moelles, transis, regrettaient la veste laissée à l'arrière dans les sacs. Et cependant, la tenue légère d'assaut adoptée était heureuse pour le combat. Le matin, au cours de l'action ils s'en félicitaient. Sous l'ombre triste de la nuit qui commençait à tomber, ils restaient accroupis dans l'eau, la capote lourde comme une éponge, la toile de tente ruisselante sur les épaules, l'œil au guet fouillant l'obscurité.

Au surplus, les ennemis ne désespéraient pas de reprendre une partie tout au moins des positions qui venaient de leur être arrachées.

Vers 23 heures, des ténèbres qu'éclairait brusquement la lueur livide d'une fusée, les hommes de notre bataillon de droite voyaient surgir, bondissant de trous d'obus en trous d'obus, des Boches qui s'avançaient pour surprendre nos premières lignes.

Mais chacun était à son poste. Les mains étaient endolories, les fusils pleins d'eau, mais tous étaient ardents à défendre leur conquête. Les deux mitrailleuses d'une section (1) de la 6ᵉ C. M. du 201ᵉ ne tiraient pas moins de 1.300 cartouches ! Nous gardions intégralement les positions conquises.

*
* *

D'autre part, à 15 heures, la compagnie Marrast (2), du bataillon de fusiliers marins, avait commencé le nettoyage de la presqu'île de Poesele.

Dans la nuit elle s'avançait jusqu'à la ferme du Tonneau.

Désormais notre ligne passait par les points suivants : ferme du Tonneau, Smiske-Cabaret, Bixschoote, ferme des Cuirassiers, maison des Ecossais, batteries 54-86, 55-83. La liaison avec les Anglais et la brigade des Guards se faisait au blockhaus de la ferme du Colonel.

C'est de cette ligne, sauf quelques modifications de détail, que nous devions partir pour les attaques suivantes.

---

(1) Sergent Werquin cité plus haut.
(2) 2ᵉ compagnie.

*
**

Le succès était complet.

Le nombre des prisonniers n'excédait pas une centaine (1).

Le dispositif en profondeur adopté par l'ennemi explique ce faible nombre. L'ennemi avait, en effet, dès la bataille de la Somme, trouvé la parade appropriée à ce genre d'attaque. Il laissait peu de monde en première ligne, réservant ses forces hors de portée du canon de campagne pour les contre-attaques.

Les pertes boches ne laissaient pas néanmoins que d'être considérables. Les nombreux cadavres qui jonchaient le terrain montraient avec quelle sévérité l'ouragan d'acier qui s'était abattu sur les positions à conquérir avait traité les occupants.

Les interrogatoires de prisonniers, nous apprenaient, ainsi qu'on l'a vu plus haut, quelles pertes les unités boches avaient subies dans leurs cantonnements, même de repos, par suite de notre bombardement sur leurs arrières.

Bien plus.

Pendant toute la durée de l'action, notre artillerie de tout calibre, depuis le 75 jusqu'à l'A. L. G. P., avait veillé avec la plus grande attention à ce qu'aucune contre-attaque ne pût déboucher au cours des opérations.

Aussi bien celle de 12 h. 45 que celle de 17 heures avaient subi nos barrages de 75, et, d'autre part, notre artillerie lourde et même notre A. L. G. P. avaient, toute la journée, procédé sur les lignes et les arrières ennemis à de rigoureuses interdictions.

---

(1) Des 181ᵉ, 164ᵉ et 76 rég. (40ᵉ D. I. et 23ᵉ D. R.).

C'est ainsi qu'au matin le village de Merckem avait été arrosé de 21 coups de 370 entre 5 et 7 heures ; et qu'au soir, des rassemblements ayant été signalés par nos avions dans le parc du château attenant au village, 50 coups du même calibre y avaient été envoyés entre 18 h. 35 et 19 heures.

Aussi, l'usure boche marchait-elle grand train : la 111ᵉ D. I. qui n'avait pris le secteur que le 27 juillet devait être relevée le 2 août (1).

De notre côté, malgré l'excellence du travail d'artillerie nous avions à déplorer 1.050 tués, blessés ou disparus. (2)

La conduite de tous les régiments avait été également magnifique.

Les troupes qui avaient marché à l'assaut à notre droite avec les Anglais — le 4ᵉ bataillon du 201ᵉ (3) — avaient rempli d'admiration nos Alliés ; et, quelques jours plus tard, le général Seymour, commandant la 3ᵉ Guards brigade écrivait au lieutenant-colonel Mougin, commandant le 201ᵉ :

Mon Cher Colonel,

Veuillez me permettre de vous offrir mes plus grands remerciements pour l'aide donnée par le 201ᵉ régiment d'infanterie à la 3ᵉ brigade de la Garde, le 31 juillet dernier.

Les officiers commandant du 2ᵉ bataillon Scots Guards et du bataillon Welsh Guards qui avaient l'honneur de combattre à côté de votre magnifique régiment, m'ont demandé de vous exprimer leur

---

(1) Il semble que l'on puisse évaluer ses pertes à 50 p. 100 au moins de son effectif.

(2) Des cinq régiments engagés, c'était le 201ᵉ le plus éprouvé : 354 tués, blessés ou disparus dont 21 officiers.

(3) Commandé par le capitaine Dupont, grièvement blessé, vers 9 heures.

admiration pour le courage et l'élan dont tous vos subordonnés ont fait preuve.

Ce sera toujours un des souvenirs les plus fiers de la 3e brigade de la Garde, d'avoir eu l'honneur d'être engagée dans la bataille avec le 201e régiment.

Croyez-moi votre tout dévoué.

Signé: SEYMOUR,

Brigadier général, commandant la 3e Guards Brigade.

⁂

Malheureusement le mauvais temps allait faire subir à nos troupes des souffrances indicibles.

Comme nous l'avons vu, la pluie commença à tomber le 31 juillet à 16 heures. Elle ne devait pas cesser jusqu'au dimanche 5 août, sauf une éclaircie le samedi entre 9 et 14 heures.

Pendant ces quatre jours, c'était des alternatives de pluie violente et de pluie fine. La terre était enveloppée d'une brume d'eau où toutes les formes se brouillaient, où l'on était comme noyé.

Il faisait frais. Il semblait, en ces jours sombres, que déjà l'on approchât de l'hiver.

Le chaos qu'étaient les lignes conquises s'était transformé en bourbier. Chaque trou d'obus — et sur une profondeur de 500 à 1.000 mètres à partir du canal, ces trous étaient jointifs — était devenu une mare d'eau ocreuse, parfois rendue jaunâtre par le soufre d'une charge d'explosif ayant fait fougasse, — parfois aussi pourprée de sang.

Pour circuler, l'on n'avait que d'étroites sentes entre les entonnoirs, sentes où l'on enfonçait jusqu'aux genoux dans cette boue argileuse noirâtre ou vert sombre et qui vous tirait les bottes des pieds.

Nombre de troupiers allaient nu-pieds : leurs souliers les avaient quittés. L'on en vit même rentrer un, le caporal-signaleur Ellenberger, (1) complètement nu : ses vêtements étaient restés dans le cloaque.

Et partout gisaient des cadavres ou des débris humains, terreux, se confondant avec la boue.

Pendant cinq jours nos soldats demeurèrent cropetonnés dans les trous d'obus, sous leurs toiles de tente ruisselantes d'eau, les jambes dans l'eau, de l'eau plein les fusils dont on ne pouvait plus manier les culasses, ne recevant presque aucun ravitaillement. Les hommes de soupe mettaient de dix à douze heures pour aller et revenir ! Et cependant les cuisines roulantes avaient été poussées jusqu'à proximité du canal. Un peu de « pinard », un peu de gniole et de café chaud, c'est tout ce qui put parvenir aux premières lignes pendant ces terribles jours.

De vieux poilus à cinq brisques (2) pleuraient. Jamais, même aux plus durs moments de la retraite, même aux heures les plus pénibles de Verdun ou de la Somme, on n'avait enduré pareilles souffrances.

Enfin, dans la nuit du 5 au 6 août, les bataillons de première ligne furent relevés par des bataillons des 2e et 162e D. I.

Relève effroyable.

Une nuit d'encre à ne pas voir à dix pas.

On s'enlise ; on se perd.

Les éclatements fauves des 88 — que l'on n'entend pas arriver — déchirent les ténèbres à droite, à gauche, en avant. Partout des gémissements, des appels des blessés.

— A moi ! A moi !

Où aller ! On ne voit rien. On s'embourbe. Les

____

(1) Du 201e R. I. (5e bataillon). Il s'était enlisé au bois 37 (à droite de la ferme Erissein).

(2) Cinq brisques de campagnes : le maximum d'alors.

capotes sont si lourdes de terre que beaucoup en coupent les pans pour pouvoir marcher...

Au petit jour triste, encore embué d'eau, sur la route de Woesten au Lion Belge, on voyait les compagnies se diriger lentement vers le repos, — les hommes hâves, les traits creusés, les barbes longues, traînant leurs jambes endolories enveloppées de sacs à terre ou de bandes molletières, qui disparaissaient sous la couche ocreuse de boue.

Ils étaient à bout de force et cependant le moral restait vaillant.

— On les a eus les Boches !

— Ce coup-ci, je crois qu'on le tient, c'tio bout d'amadou (1), disait-on au 1er et au 201e (2).

---

(1) La fourragère.

(2) Ils avaient déjà une citation à l'ordre de l'armée et en eurent à cette occasion une seconde, qui, en effet, leur donna la fourragère. *

On voit ici, sur le vif, quel merveilleux incitant moral fut cette distinction.

CHAPITRE II

L'Attaque du 16 Août 1917.

Dès le soir du 31 juillet 1917, le général Anthoine donnait ses ordres pour un nouvel effort.

« 1° S'installer avant tout sur les positions actuelles pour en maintenir l'occupation, en évitant les opérations de détail, toujours coûteuses ;

2° Profiter de la nuit pour diminuer la densité des troupes en ligne ; — retirer notamment au plus tôt du front les fusiliers-marins ;

3° Les éléments d'artillerie qui n'ont pas encore traversé le canal ne le feront sous aucun prétexte avant le 1er août au soir ;

4° Sitôt que la visibilité le permettra, reprendre la destruction des batteries ennemies, en revenant rigoureusement à la méthode des tirs observés et contrôlés ;

5° Commencer aussi les réglages des destructions de manière à avoir au plus tôt des bases pour les tirs de contre-préparations. Préparer ces derniers tirs avec autant de soin que les tirs de barrage ;

6° Sauf le cas d'attaque ennemie, — où l'on devra riposter par un tir très dense de barrage, de neutralisation et de contre-préparation, — conduire les tirs avec calme ;

Si la visibilité est suffisante, faire le plus de tir de contre-batterie possible, en portant au maximum le nombre des avions de réglage ;

7° Maintenir les tirs d'interdiction lointaine et

rapprochés, notamment cette nuit, de manière très rigoureuse sur la coupure de Martjevaart (1). »

La ligne éventuelle à atteindre était le fossé naturel constitué par le Martjevaart-Saint-Jans-beek, Broenbeek.

La conquête du terrain devait se faire suivant le processus précisé par l'instruction générale n° 14 du 11 juillet, et en liaison avec l'armée britannique.

Le moment était — bien entendu — fonction de l'avance de nos Alliés, leur ligne étant quelque peu en retrait sur la nôtre depuis le 31 juillet.

Le 1er août, le général Anthoine — en prévision de cette attaque future — donnait l'ordre de commencer dès le 2 la démolition de la première ligne allemande, *telle que la définiraient les reconnaissances de la journée.* Il prescrivait, en outre, la destruction des organisations de la presqu'île de Poesele que nous devions occuper entièrement pour atteindre la ligne du Martjevaart, et le maintien des tirs d'interdiction, afin d'empêcher l'ennemi de se renforcer à loisir.

Il ordonnait que l'on assurât la sécurité du front en parant d'avance aux contre-attaques ; enfin, que l'on se mît énergiquement à la démolition des batteries ennemies.

Durant ces jours de pluie continue, on profitait des moindres éclaircies pour faire un réglage ou une destruction. C'est ainsi que le vendredi 3, entre 10 et 15 heures, un tir d'artillerie lourde était exécuté sur la partie est de la tranchée Kortekeer, sur le cabaret Kortekeer et les fermes du Jaloux et du Voltigeur.

Une demi-heure après, dans la boue jusqu'au ventre, sous l'averse qui tombait de plus belle, nos fantassins allaient les occuper.

____

(1) Ordre général d'opérations n° 61.

*
* *

Mais la visibilité continuait à être mauvaise. La pluie, sans doute, avait cessé. Néanmoins une brume fine restait au ras du sol imprégné d'eau. Il fallait renoncer, pour le moment, à la contre-batterie...

Dès le lundi 6 août, le soleil avait reparu.

Au milieu de la plaine flamande, dans leurs cantonnements de Killem, de Warhem, de Quaedypre, de Crochte, etc., les troupes du général Grégoire et du général Boulangé se reposaient des jours pénibles.

Ils goûtaient la paix des Flandres.

Au loin s'étendaient les champs où l'on voyait à l'infini onduler les blés mûrs ; où se dressaient les hautes tiges des fèves ; où séchait le lin. Les avoines étaient coupées, et les gerbes rangées en faisceaux pacifiques. Sur les routes, à l'ombre des arbres vert-sombre, au feuillage luisant sous le soleil, ronflaient les camions-autos. Comme fond de tableau, on apercevait les toits de quelque village ponctuant d'écarlate l'alignée des hauts peupliers semblables à des panaches, et parmi, la petite église des Flandres, en briques grises, avec ses trois nefs à pignon sous le grand soleil, — les bas-côtés et l'abside largement voilés d'ombre violette, le fin clocher pointant vers le ciel d'argent.

Dans cette plaine basse, la bise fraîche qui vient de la mer tempère toujours la chaleur des belles journées d'été. On éprouvait une impression exquise de tiède luminosité, de luminosité laiteuse et cependant rayonnante. Dans les prés verts ruminaient lentement les grands bœufs au pelage roux ; s'allongeaient les rideaux d'ormes aux frondaisons bizarrement massées. Les ran-

gées de saules encadraient des eaux dormantes,
— miroir sombre et verdi où s'épaississent les
futaies ombreuses éclairées de la tache rouge de
quelque toit.

Paysage d'une monotonie variée et pittoresque
qui berçait l'âme d'une paix infinie.

Epars dans des fermes au milieu de la campagne, les hommes remettaient leurs effets et leurs
armes en état, oubliaient doucement leurs épou-
vantables épreuves. Il n'en subsistait bientôt
plus qu'un souvenir dont on s'énorgueillit.

Cependant leurs remplaçants en première
ligne souffraient d'un bombardement continu,
qui, pour n'être pas réglé avec précision, ne nous
faisait pas moins des victimes dans ce terrain où
les troupes n'avaient aucune protection.

Bien qu'en prévision de cette action de l'artillerie ennemie, le général Anthoine ait donné
l'ordre, dès le 5 août, de réduire la densité des
troupes d'occupation au minimum, chaque journée nous coûtait en moyenne deux cents hommes
tués ou blessés. (1)

Tous les jours, des reconnaissances étaient
effectuées en avant du front.

C'est ainsi que le 8 une patrouille s'établissait
dans la ferme de Loobeck, au nord de la route de
Dixmude, trouvée inoccupée.

Le lendemain matin, la demi-section laissée
comme garnison sous les ordres du sous-lieutenant Goupe marchait sur la maison du Garde et
mettait en fuite les défenseurs. Dix-neuf prison-

---

(1) Certains jours, comme le 7 août, 240.

niers (dont un aspirant) et trois mitrailleuses restaient entre nos mains (1).

Le même jeudi 9 août, le 110e s'emparait de la ferme André Smits, où il faisait quinze prisonniers, et le 208e des fermes du Jaloux et des Voltigeurs.

Le mardi 14, un détachement du 43e enlevait la ferme de la Ferrure et le bois des Baguettes. Le 43e poussait même des éléments avancés jusqu'à la passerelle du Farfadet sur le Martjevaart.

**

C'est ainsi, que, peu à peu, des actions de détail de notre infanterie diminuait la tâche du jour J.

D'ailleurs le temps se mettait décidément au beau.

Le vendredi 10, le dimanche 12, étaient des journées radieuses. Les destructions et le travail de contre-batterie avançaient, et le 14, le jour J était fixé au surlendemain 16. A l'heure H, 4 h. 45, les régiments de la 2e D. I. : 8e, 208e et 110e, ceux de la 162e D. I. : 127e, 327e, et 43e R. I. appuyés à gauche par le bataillon de fusiliers-marins devaient partir à l'assaut, et atteindre la ligne Martjevaart-Saint-Jansbeek-Broenbeek.

Le jour même, le général Pétain commandant en chef se rendait à Bergues, où il passait en revue des unités des 1re et 51e D. I. qui s'étaient illustrées dans la dernière offensive.

Le 1er et le 201e R. I., la 122e batterie d'artillerie de tranchée (2), cités pour la seconde fois à l'Ordre de l'Armée recevaient la fourragère ; les

____

(1) Le 10 août, le sous-lieutenant Goupe était décoré de la Légion d'honneur, pour ce beau coup d'audace.
(2) Lieutenant Mélinette. (Voir plus haut.)

compagnies 1/2, 1/3, 1/4 du 3ᵉ génie, ainsi que le capitaine Trollet, commandant le groupe d'artillerie de tranchée, étaient décorés de la croix de guerre avec palme.

Sur ce terrain d'aviation de Bergues, — dont on voyait à l'horizon se dresser au-dessus de la ligne onduleuse des bouquets d'arbres voilés de gaze violette les clochers aigus et le beffroi, robuste masse carrée flanquée de tourelles d'angle — ; sous le ciel des Flandres nacré comme une perle, où les nuages brillaient doucement d'un pâle soleil, derrière leurs vieux drapeaux déchirés les bataillons défilèrent.

A voir ces hommes passer, les jambes fuselées dans les bandes molletières, la « boîte à asticots » (1) battant l'échine, alertes, dégagés, nerveux, personne n'eût pensé que c'étaient les mêmes qui, dix jours auparavant, hâves, les traits creusés, cropetonnés sous leur toile de tente, tenaient au milieu des éclatements le terrain qu'ils venaient de conquérir, trempés jusqu'aux os, véritables blocs de boue.

Maintenant, vigoureux, guerriers, dressant la tête, jarret tendu, ils rendaient les honneurs à leurs chefs aux accents de cette marche de « Sambre-et-Meuse » qui naguère chanta nos espoirs et aujourd'hui les ranimait.

Et la pensée allait vers leurs émules de gloire qui, là-bas, devaient, dans cet effroyable marais, repousser un peu plus loin le Boche, — au prix de quelles souffrances !

Les Allemands, eux aussi, avaient relevé leurs divisions dans le secteur de l'attaque du 31 juillet.

----

(1) La boîte à masque.

Dès le 2 août, la 111ᵉ division avait été retirée. Elle était décimée. Nous avons noté quelles terribles pertes avaient subies certaines de ses unités. (1)

Tout d'abord, c'était la 2ᵉ D. R. G., que nous avons vu contre-attaquer le 31 juillet, qui avait pris sa place.

Mais si la contre-attaque n'avait donné aucun résultat, elle avait été fort coûteuse (2). De plus nos tirs de harcèlement et d'interdiction rendaient le séjour des lignes allemandes peu sûr. Enfin nos escadrilles de bombardement avaient repris leurs expéditions nocturnes. Le 4 août elles avaient bombardé Roulers, le 5, Houthulst, Gits, Staden.

Dès le 8 août, il avait donc fallu relever la division. La 214ᵉ D. I. (3) l'avait remplacée. C'était une des divisions de formation récente créées depuis le mois de juin 1916 par prélèvement sur les autres. Elle était commandée par le général-major von Brauchitsch, assisté, pour le commandement de l'infanterie, du colonel von Mercker.

Trois régiments la composaient : le 50ᵉ recruté en Basse-Silésie, le 358ᵉ formé d'ersatz-bataillons des régions de Stettin et de Francfort-sur-Oder,

---

(1) Comme le 164ᵉ R. I.

(2) Des renseignements du G. Q. G. britannique nous donnent quelques jours plus tard (*B. R.* du 15 août), des détails sur les pertes de la 2ᵉ D.R.G. C'est ainsi que l'on apprit que le 1ᵉʳ bataillon du 91ᵉ régiment de réserve n'avait plus que trois à quatre cents hommes en arrivant dans la région de Gand après avoir été en ligne à l'est de Bixschoote du 3 au 7 août. Toutes les voitures du train régimentaire à l'exception d'une cuisine roulante avaient été détruites par le feu de notre artillerie. Le 77ᵉ réserve aurait eu également de grosses pertes et avait été fortement éprouvé par les maladies.

(3) 358ᵉ, 363ᵉ, 50ᵉ.

et le 363° constitué d'ersatz-bataillons de la région de Coblentz.

Donc des Silésiens, des Prussiens de la Prusse orientale, des Rhénans.

Malgré sa formation récente et sa diversité de recrutement, elle n'en était pas moins considérée comme une bonne division, et s'était fort bien comportée dans la Somme en septembre 1916 et en Champagne en avril 1917, où elle avait d'ailleurs été, ici comme là, fortement éprouvée. Depuis elle n'avait été qu'en secteur calme (Ville-sur-Tourbe), ou en repos.

Elle était refaite.

Comme nous le verrons, elle ne devait pas durer longtemps. Une seule attaque, et elle allait être détruite elle aussi.

La 40° division (saxonne, 181°, 104°, 134°), qui avait pris le secteur le 23 juillet et n'avait, le 31, qu'un seul régiment en ligne, était relevée par la 119° division.

La 119° division (58°, 46° rés. et 46° R. I.) recrutée en basse Silésie et dans le district de Posen comptait une assez forte proportion de Polonais. Elle venait d'être retirée du front d'Ypres (où, le 31 juillet, elle avait exécuté une contre-attaque sur Frezenberg), et envoyée au repos vers le nord (4 août), quand, dès le 11, après six à sept jours de repos à peine, elle était ramenée précipitamment sur le front Merckem-Kortekeer pour relever les 104° et 134° (de la 40° D. I.) et le régiment de droite de la 214° D. I. (358°).

En résumé, nos troupes devaient trouver devant elles le jour J :

Un régiment de la 214° D. I., la 119° D. I., et un régiment de la 19° D. L. (383°), laquelle restait fidèle au secteur de Blankaart.

L'artillerie allemande qui soutenait cette infanterie ne semblait pas avoir été renforcée.

Le 15 août, notre service de renseignements signalait dans la zone intéressant l'armée, c'est-à-dire entre le canal d'Handzaeme au nord, et la route Langemarck-Staden au sud, 165 positions (contre 140 signalées le 31 juillet).

Mais sur les 25 positions nouvelles, une quinzaine semblaient provenir du déplacement des batteries qui, situées avant le 31 juillet devant la gauche de l'armée britannique, avaient dû être reportées plus au Nord.

En fait, il paraissait à peu près certain que nous devions avoir affaire sensiblement au même nombre de batteries que le 31 juillet.

En particulier, les groupements de Merckem, forêt d'Houthulst, Mangelaere qui agissaient directement sur le front de l'armée et étaient évalués à 101 batteries le 31 juillet, étaient évalués à 98 le 15 août.

Les Allemands avaient simplement reculé leurs batteries devant notre avance.

L'Attaque.

Au fur et à mesure que l'on approchait du jour J, l'activité de notre artillerie augmentait, favorisée d'ailleurs par une visibilité relativement bonne. Elle passait de 48.000 coups environ le 9, à 61.000 le 10, à 66.000 le 11, pour se maintenir le 12 à 59.000 et le 13 à 54.000.

Notre interdiction soumettait le Boche au régime qu'il avait connu avant l'attaque du 31 juillet.

Les mouvements, dans les arrières, étaient aussi gênés.

C'est ainsi que le dimanche 12 août, — où nos artilleurs bénéficiaient d'ailleurs d'une journée radieuse —, l'accès de la gare de Cortemarck était littéralement interdit par les pièces de 305 du commandant Blot, qui tiraient 35 coups réglés par avion avec une précision telle, qu'un bataillon boche qui devait y débarquer, le 3ᵉ du 58ᵉ R. I., était obligé de descendre en pleine voie à 1.500 mètres de la gare.

Nos bombardements par avions se poursuivaient toujours avec la même énergie. Le 9 août, c'était Houthulst, Cortemarck, Lichtervelde qui recevaient la visite de nos escadrilles. Le 10, c'était Roulers, et encore Cortemarck et Lichtervelde. Les nuits les plus défavorables n'arrêtaient pas nos escadrilles. C'est ainsi que par une nuit d'encre comme la nuit du 13 août, par une brume opaque, elles trouvaient le moyen d'aller lancer 40 obus de 120 et 13 de 155 sur les cantonnements de Terrest et d'Houthulst, et le 15 août, la nuit étant plus mauvaise encore, elles expédiaient 56 obus de 120 et 16 de 155 sur les gares de Lichtervelde et d'Handzaeme et aussi celle de Cortemarck qui, étant l'embranchement où la voie normale bifurquait et filait d'un côté sur Dixmude, de l'autre sur Langemarck, leur paraissait devoir mériter une dernière visite avant le jour J.

*
* *

Ce qu'était la vie des unités ennemies soumises le jour à nos tirs d'interdiction, la nuit à nos tirs de harcèlement et à nos bombardements d'avions, l'odyssée du 2ᵉ bataillon du 363ᵉ (214ᵉ D. I.) peut en donner l'idée.

Ce bataillon devait être engagé vers la ferme Champaubert sur la rive gauche du Broenbeek.

Il avait été placé, en attendant, en position de soutien à Veldhoek, à 2 kilomètres environ des premières lignes. Or, pendant les quatre jours qu'il attendit d'être engagé, il lui fallut chaque nuit changer d'emplacement. A peine était-il arrivé à un endroit qu'il en devait déloger, — poursuivi par nos obus.

De campement en campement, il parvint jusqu'à Ondank, de l'autre côté de la forêt d'Houthulst, à huit kilomètres environ des premières lignes.

Quand il s'agit de monter aux tranchées, le bataillon s'engagea à travers la forêt d'Houthulst. Or, depuis le moment où il entra, jusqu'à celui où il passa le Broenbeek pour prendre son poste de combat, nos obus l'accompagnèrent ! Ce fut une course haletante au milieu des éclatements. On se planquait pour se relever brusquement, faire quelque cent mètres en vitesse et se planquer de nouveau (1).

On imagine l'état de démoralisation d'une troupe soumise à un pareil régime.

Or il y a tout lieu de supposer que le 2e bataillon du 363e ne fut pas une exception, et que, pendant les quatre ou cinq jours qui précédèrent l'attaque du 16 août, la vie des autres unités boches devant notre front fut sensiblement la même que la sienne.

Et cependant, notre action d'artillerie devait être plus sévère encore le 16 août.

Nos avions de réglage pouvant travailler en toute tranquillité, jamais interdiction et contre-batterie ne furent menées de façon si magistrale, si péremptoire.

Pas une batterie boche ne put entrer en action

____

(1) Détails donnés par un officier de ce 2e bataillon, fait prisonnier.

sans être immédiatement muselée. Il est vrai, au surplus, ainsi que le faisait remarquer le soir de la journée le lieutenant-colonel *Charret* chef de l'A. L. G. P., « il est vrai que la façon dont elles avaient été traitées la nuit précédente, ne les disposait pas beaucoup à l'activité ».

Non seulement notre infanterie fut protégée par un barrage roulant dont la ligne d'éclatements faisait un rideau de feu précédant nos vagues d'assaut, mais sur une profondeur de plus de 10 kilomètres à l'arrière, il n'était pas un emplacement de batterie, pas un carrefour de routes, pas un cheminement reconnu comme fréquenté, pas une gare, qui ne fussent criblés d'une avalanche d'obus.

Nos batteries tirèrent près de 150.000 obus de tous calibres !

L'A. L. G. P., à elle seule, consomma 3.500 obus, allant du 16 de marine au 320. Le commandant Blot expédiait 55 obus de 305 sur la gare de Cortemarck et 20 sur celle de Geite-Saint-Joseph; Colas 130 coups de 19 sur Stadendreef et 172 coups sur Stadenberg, aidé en cela par Denys qui complétait le travail en envoyant sur le même Stadenberg 50 coups de 240 ; — cependant que Benoît et Berthier avec leurs 32, Houel avec ses 24, battaient les carrefours et écrasaient les batteries trop lointaines et trop fortement casematées pour être justiciables du 155 et du 220.

Le commandant de Bourbon, chef du deuxième bureau de l'Armée, pouvait dire dans son B. R. n° 60 : « Le 16 août, les liaisons (allemandes) étaient nulles ; les guides, les coureurs, les porteurs de vivres étaient tués ou dispersés. Les renforts s'égarent ou sont décimés ».

On va voir quels furent les résultats de ce magnifique travail d'artillerie.

*_**

Tout d'abord, l'attaque partie à 4 h. 45, dès 9 h. 30 avait atteint la plupart de ses objectifs (1).

A droite, le 8e R. I., en liaison avec les Anglais avait traversé le Steenbeek et atteint les abords des marais du Broenbeek. Il n'avait guère trouvé de résistance qu'à la ferme Champaubert.

A gauche, les fusiliers-marins avaient nettoyé la presqu'île de Poesele et occupé Drie-Grachten. Cet épisode mérite que l'on s'y arrête. Il montrera au lecteur à quel point l'ennemi avait été maté par notre artillerie et aussi « l'originalité au feu » si je puis dire, de nos loups de mer..

La prise de Drie Grachten, dont on a vu plus haut les formidables défenses, n'avait été décidée qu'au dernier moment. « Je n'ai même pas fait de plan d'engagement, me déclara le commandant de Maupeou (2). J'ai dit : « Quelles sont les compagnies qui marchent ?

— 2e et 4e.

— Bon ! Faites-moi venir Marrast et La Fournière.

Et on a arrangé ça. »

Voici comment les choses se passèrent d'après le récit que m'en firent quelques jours plus tard les acteurs eux-mêmes, et parmi eux le second-maître Tanguy que m'avait présenté le commandant de Maupeou comme s'étant particulièrement distingué.

---

(1) L'économie générale de cette attaque était identique à celle du 31 juillet. Une première attaque devait partir à l'heure H, et conquérir un premier objectif; une seconde attaque devait partir à H+55', et atteindre un second objectif d'où à H + 1 h. 35', de fortes patrouilles devaient être poussées sur les points de passage de Martjevaart-Saint-Jansbeek.

(2) Capitaine de frégate, commandant le bataillon de fusiliers-marins.

C'était un homme en pleine force d'âge (classe 1911), petit, mais trapu, tout en muscles, donnant une vigoureuse impression de solidité et de hardiesse.

« Nous sommes partis de la tranchée de première ligne, me dit-il, huit grenadiers, le caporal, un voltigeur et moi. En arrivant aux fils de fer boches, nous avons trouvé des réseaux intacts. Mais ces réseaux étaient très fournis et bas ; en faisant attention, on pouvait marcher dessus... Nous sommes arrivés ainsi jusqu'à la route de Drie Grachten... Là, je remarque des pas frais... Je fais ralentir et passe en tête : je craignais de la résistance au blockhaus de Drie Grachten...

Nous rencontrons un nouveau réseau de barbelés, — celui-là sérieusement démoli : terrain bien marmité...

Pas de coups de fusil...

Nous marchons franchement... Le blockhaus était démoli ; j'envoie deux hommes à droite, deux à gauche ; je reste au centre, — les autres derrière moi. On fouille... Rien... Toujours, pas de coups de fusil...

Ma mission était de m'arrêter là... Mais j'ai remarqué une passerelle à gauche. Elle était coupée par la moitié. Comme il y avait une petite planche à côté, je la place dessus. Je passe... La planche se brise... J'ai dégringolé dans l'eau. Je m'accroche à la partie qui reste du pont. Je n'ai pu retirer mon fusil. Je suis arrivé néanmoins à me hisser sur l'autre bord... J'ai passé avec Limbi (1) qui m'a tendu la main. Les huit

____

(1) Matelot. D'Antibes, classe 1912. Petit, mais râblé, solide. Des cheveux très bruns, courts et frisés ; des yeux noirs, profonds, le teint basané, les joues creuses : un type de Provençal, sobre, dur au travail.

sont venus ; nous sommes passés le long du
canal... Je suis arrivé aux premiers gourbis boches en bon état. Je gueule :

— Allez ! Camarades ya ?

Pas de réponse.

J'ai tiré un coup de revolver dans la porte...
J'ai répété :

— Allez ! Camarades ya ?

Ils sont sortis : neuf, dont un officier. Il m'a
lancé un sale regard. J'ai braqué mon revolver...
Limbi, qui venait de prendre un pistolet lance-
fusée boche, l'a braqué aussi. Tous se sont mis à
avoir la tremblotte...

Quand ils ont eu sorti (1) tous les neuf, je me
suis dit : « Il serait temps de les faire dégager »;
nous étions six : j'avais envoyé en avant deux
groupes de deux...

J'ai donc donné aux Boches la direction :

— Allons ! oust ! pas gymnastique !

L'officier s'est tourné vers moi et m'a dit :

— Brave garçon !

Tous avaient de fameux cigares. Nous en avons
ramassé une centaine...

J'ai envoyé Le Bouguennec avec les prisonniers
et j'ai continué la fouille des gourbis. »

Voilà comment les choses se passèrent dans le
secteur des fusiliers-marins.

Ailleurs, il y eut plus de résistance. Néanmoins
à midi, tous nos objectifs étaient atteints, sauf
au centre où des nids de mitrailleuses (49-01,
50-03) et la ferme des Lilas tenaient encore malgré les efforts du 127ᵉ et du 110ᵉ R. I. Ils furent
d'ailleurs enlevés un peu plus tard.

---

(1) *Sic.*

Ce qu'il y eut de remarquable en cette journée, c'est que le chiffre des prisonniers fut supérieur à celui des pertes : nous avions emmené à l'arrière quatre cents vingt-trois ennemis (dont six officiers), alors que nous n'avions que trois cent cinquante tués ou blessés (1) ; encore y avait-il parmi nombre de blessés légers. On comptait, en effet, très peu de touchés par l'artillerie ; et la balle tue ou ne fait — en général — que de légères blessures.

Nos secondes lignes et nos arrières n'avaient pas reçu d'obus, — ou fort peu.

Plus encore que le 31 juillet, la journée du 16 août était une victoire d'artillerie.

Voici d'ailleurs un tableau qui permettra au lecteur de se rendre compte de l'activité comparée des deux artilleries depuis le 16 juillet 1917 jusqu'au 16 août compris. Ce tableau a été établi par le service de l'artillerie de la 1re armée. Les chiffres donnant les dépenses d'obus français ont été fixés d'après les déclarations des commandants des unités qui les ont consommés ; ceux concernant l'ennemi proviennent des évaluations faites par les officiers qualifiés dans chaque secteur. Ils ne sont qu'approximatifs, mais la grande habitude des bombardements acquise à ce moment de la guerre permet de les considérer comme fort sérieux.

---

(1) Sur lesquels, il est vrai, 18 officiers, — c'est-à-dire un officier pour 19 hommes.

ACTIVITÉ
de l'Artillerie Française et Allemande
du 16 Juillet 1917 au 16 Août 1917.

DATES	ARTILLERIE de CAMPAGNE 75	ARTILLERIE LOURDE	TOTAL ARTILLERIE française	TOTAL ARTILLERIE allemande
16	4.856	3.055	7.911	?
17	6.623	9.255	15.878	?
18	16.081	3.478	19.559	?
19	20.692	3.184	23.876	3.200
20	25.201	4.896	30.097	2.600
21	24.169	5.944	30.113	1.800
22	25.482	15.654	41.136	2.000
23	29.734	18.539	48.273	2.400
24	50.990	24.197	75.187	4.000
25	57.112	22.025	79.137	4.400
26	64.587	19.446	84.033	3.400
27	77.201	22.593	99.794	2.500
28	65.611	22.496	88.107	4.750
29	53.072	23.950	77.022	3.000
30	68.709	28.413	97.122	1.450
31	151.710	64.764	216.474	?
1	58.010	14.706	72.716	2.000
2	23.515	9.294	32.809	1.800
3	38.422	14.068	52.490	1.000
4	26.610	12.866	39.476	3.000
5	27.370	5.873	33.243	2.000
6	31.053	8.954	40.007	5.000
7	27.059	7.641	34.700	3.500
8	38.331	8.371	46.702	3.000
9	42.567	5.670	48.237	4.000
10	47.771	13.428	61.199	1.900
11	44.421	22.192	66.613	4.000
12	42.177	17.279	59.456	4.900
13	33.711	20.471	54.182	2.000
14	26.916	11.649	38.565	4.000
15	30.313	13.560	43.873	4.000
16	93.818	51.002	144.820	5.000
	1.373.894	528.913	1.902.807	86.600

Au total donc, près de 2 millions de projectiles de tous calibres furent tirés par nos batteries, contre moins de cent mille tirés par celles de l'ennemi.

Les combattants survivants se diront, en lisant ces chiffres : nous sommes loin des préparations d'attaque de 1914 et 1915 !

*
* *

Les pertes allemandes étaient considérables.

Dès la nuit du 17 août, la 214ᵉ division devait être relevée et la division voisine, la 119ᵉ division n'avait guère été moins éprouvée.

A son rapport de 21 h. 30, le général arpentait le plancher de l'étroite salle de baraque Adrian, aux murs tapissés de cartes où les chefs de service formaient le cercle.

Rapport moins austère qu'à l'ordinaire.

— Et vous, deuxième bureau?

— Mon général, nous avons reçu quelques prisonniers ; un, entre autres, du 363ᵉ. Il était au Cornillet.

— Ah ! çà ! Il me suit partout, celui-là !

— Il se plaint qu'ici l'artillerie a été encore plus pénible que le 17 avril !

— Vous lui ferez mes excuses !

Et le bon géant, les mains dans sa ceinture, souriait sous sa grosse moustache blanche.

Les prisonniers, eux, dans leur parc de Rousbrugge n'avaient pas l'accent du triomphe.

Il y en avait de tous les régiments qui se trouvaient devant nous : 385ᵉ R. I., 58ᵉ R. I. 46ᵉ R., 46ᵉ R. I., 363ᵉ R. I. et 424ᵉ compagnie de minenwerfer.

Celui du 363ᵉ R. I. dont il était question au rapport, était un jeune « leutnant » de vingt-deux ans.

C'est lui qui nous donna les détails rapportés plus haut sur la vie de son bataillon pendant les jours qui précédèrent l'attaque. Très représentatif de la jeune génération allemande, il avait été particulièrement intéressant à interroger.

Grand, élégant, soigné ; une belle tête aux traits réguliers ; figure douce ; blond cendré ; yeux bleus. Le teint peu clair toutefois, comme tous les Boches.

La déclaration de guerre l'avait trouvé comptable à Brême, à la Deutsche National Bank. Il avait un peu moins de dix-neuf ans, étant né en mai 1895. Le 17 novembre 1914, il s'engageait au 7e uhlans à Saarbrück. Pourquoi ce régiment plutôt qu'un autre ? Parce que c'était un régiment de bourgeois. Pas de nobles. Seulement, des fils de grands industriels ; un de ces régiments où l'on disait : « Für jeden offizier rauchen so viele Schlote. » (Pour chaque officier fument tant de hauts-fourneaux).

— Il fallait être riche pour être admis. J'ai été pris parce que c'était la guerre.

— Pourquoi vous êtes-vous engagé ? lui demandai-je.

— Il y avait alors, en Allemagne, me répond-il, un grand enthousiasme pour la guerre. C'était une ivresse (Begeistung). Maintenant, on est à jeun. (Ernüchterung).

— La cause de cette désillusion ?

— La durée de la guerre : nous partions pour trois mois.

— Oui, répliquai-je. Vous aviez pris pour devise « Courte et bonne ». Nous l'avons changé en une autre : « longue et pénible ».

Il s'était d'abord battu en Mazurie ; puis il était venu en France et avait été versé dans l'infanterie, au 363e.

Le 17 avril, il était devant le Mont-Haut.

Dans l'affaire qui nous occupe, il me déclara que l'artillerie allemande avait été mise hors de combat dès le début de la préparation. Et c'est ici qu'il me raconta l'odyssée de son bataillon pendant ces quatre jours.

— Nous sommes très gênés par la précision de votre artillerie.

Je passai à d'autres questions, lui demandai comment on supportait la guerre en Allemagne, etc...

— On souffre beaucoup... Les classes moyennes sont détruites... Tout cela, c'est de la faute de l'Angleterre. Il n'y a de haine que contre elle. C'est elle la grande ennemie.

— Et les Russes ?

— Russe sind keine Soldaten. (1)

— Et que pensez-vous des atrocités commises en Belgique, à Louvain, à Termonde et dans le nord de la France ?

— Il y avait des francs-tireurs.

— C'est absurde. Au surplus, la Belgique eut parfaitement eu le droit d'avoir des francs-tireurs. A nous, Français, nation belligérante, les francs-tireurs étaient interdits. Mais la Belgique ! qui était neutre ! dont la neutralité était garantie par un traité portant votre propre signature ! La Belgique devait vous être doublement sacrée ! Les pierres, les pierres mêmes devaient s'y soulever contre vous !...

Et la cathédrale de Reims ? pourquoi l'avoir détruite ?

— On s'en servait comme observatoire d'artillerie.

— Pourquoi pas comme butte de tir ? Au surplus, il n'y a jamais eu de batteries dans son

---

(1) Les Russes ne sont pas des soldats.

voisinage et il est saisissant de voir que, les faubourgs mis à part, le quartier de la cathédrale est le seul démoli. C'est une honte ! Vous rendez-vous compte en Allemagne que vous vous êtes mis au ban de la civilisation ? Que vous êtes hors de l'humanité ? »

Le « leütnant » baissa la tête.

Lui, qui, tout à l'heure, avait un sourire si innocemment aimable était maintenant consterné. Du coin de l'œil il cherchait du secours. Mais à côté de moi le capitaine Lévy demeurait obstinément plongé dans la rédaction de son rapport ; quant aux officiers de chasseurs d'Afrique commandant l'escorte, adossés à la cloison, ils étaient fermés dans une réserve hostile.

Le jeune Boche restait silencieux regardant sa main fine posée sur la table... Il était souple et aimable d'aspect... Nous le retrouverons à Paris après la guerre...

Il n'a certainement aucune rancune.

CHAPITRE III

De l'attaque du 16 août à celle du 9 octobre 1917.

L'attaque du 16 août — complétée le 17 — nous donnait la ligne Martjevaart - Saint - Jansbeek - Broenbeek.

Le Marjevaart-Saint-Jansbeek est une seule et même rivière qui vient confluer avec le canal de l'Yser en amont de Drie Grachten. Martjevaart est le nom qu'il porte en aval du pont de Langewaade ; Saint-Jansbeek en amont.

Le Martjevaart a de 4 à 6 mètres de large, et de 3 à 4 mètres de profondeur ; le Saint-Jansbeek de 2″,50 à 3 mètres de large, et de 1″,50 à 2 mètres de profondeur. Il reçoit sur la droite le Broenbeek, qui lui n'a guère qu'un mètre de profondeur, mais dont le lit marécageux a 2 à 3 mètres de large.

Notre front était donc partagé par un obstacle naturel suffisamment important pour que nos troupes pussent s'organiser dans une tranquillité relative sur le terrain conquis et attendre que l'aile marchante dont nous étions le pivot ait atteint les objectifs qu'elle se proposait.

Déjà, nos Alliés avaient pris Langemarck.

Il leur fallait progresser maintenant jusqu'à la ligne de hauteurs qui, de la route de Menin, se dirige par Zonnebeke et Paschendaele sur Westrosebeke.

D'autre part, l'usure boche avançait rapidement.

En un mois, du 20 juillet au 20 août, on comptait que, sur le front allié, 21 divisions boches,

fatiguées, avaient été relevées : les 49e D. R.,
233e D., 17e D., 195e D., 23' D. R., 6' D. R. B.,
38e D., 235e D., 111e D., 3e D. G., 22e D. R.
221e D., 2e D. R. G., 50e D. R., 52' D. R., 40e D.,
9e D. R., 3e D. R., 214e D., 79e D. R., 54e D., deux
autres : la 9e D. R. B. et la 183e D., l'avaient sans
doute été également.

Si l'on songe que les divisions allemandes
n'étaient en général relevées que lorsqu'elles
avaient 50 à 60 p. 100 de pertes, on peut juger de
ce qu'avait déjà coûté aux Boches la bataille des
Flandres.

Il faut noter, en regard, que, sur nos six divisions engagées, aucune ne devait être retirée du
front avant le début de décembre.

Toutes menèrent la bataille jusqu'à la fin, se
relayant seulement pour les attaques (1).

*
* *

Le général Anthoine, maintenant que les résultats étaient acquis, entendait attendre le nouveau bond en avant avec le moins de pertes possible.

L'important, selon lui, pour le moment, était
de s'organiser, remettre en état les abris bétonnés conquis sur les Boches ; sillonner ce terrain bouleversé de pistes en caillebotis franchissant les excavations des entonnoirs par des
passerelles légères ; construire des ponts sur le
canal ; réfectionner les routes anciennes ; en
établir de nouvelles ; aménager des emplacements de batteries ; recueillir les épaves du

______

(1) Sauf la 29e D. I. qui ne fut engagée dans aucune
offensive, mais qui tint le secteur dans les intervalles,
en particulier entre celle du 16 août et celle du 9 octobre, — ce qui pour être moins glorieux n'en fut pas
moins pénible.

champ de bataille, car il fallait que tout ce qui pouvait être encore utilisé : armes, douilles, etc... le fût.

Tout ce travail demandait du temps et de la tranquillité.

Aussi le général donnait-il comme directives de ne pas agacer l'ennemi ; de cesser l'interdiction, qui, maintenant que l'on n'attaquait pas, ne répondait plus à une nécessité pressante ; de continuer toutefois obstinément et en toute régularité la destruction des batteries ennemies, chaque fois que l'occasion serait favorable (1).

Or, du 17 août au 23 août, nous avions sept journées radieuses.

Le travail de contre-batterie s'opérait dans des conditions particulièrement heureuses.

Aussi les premiers jours d'énervement (2) consécutif à l'attaque passés, nos pertes journalières devenaient-elles infimes. Le 20 août, par exemple, nous avions six tués et neuf blessés ; le 21, trois tués et dix-sept blessés ; le 22, vingt-sept blessés et le 29 août, quatre blessés seulement.

Les Boches ne réagissaient pas. Suivant l'expression du général (3), « ils courbaient le dos ».

Au surplus, toutes les précautions étaient prises contre un retour offensif possible. En parti-

---

(1) Instruction générale du 18 août.

(2) Pendant plusieurs jours, tous les matins, les Boches exécutaient des tirs entre 3 et 5 h. 30, par peur d'une attaque exécutée dans les mêmes conditions que celle du 16. Cette tâche était facilitée. Un grand nombre de batteries boches ayant été obligées de se déplacer précipitamment, n'étaient plus sous casemates, mais en plein air et se trouvaient par suite justiciables du 75. (Note du 24 août 1917.)

(3) Au rapport du 22 août.

culier, les barrages étaient vérifiés fréquemment et avec soin (1).

**

Les commandements interalliés mettaient à profit cet intermède dans la bataille pour resserrer les liens de fraternité d'armes.

Dès le 17 août, le maréchal Haig avait adressé au général Anthoine qui l'avait immédiatement porté à la connaissance des troupes, la lettre de félicitations suivante :

MON CHER GÉNÉRAL,

J'ai, une fois de plus, le privilège et la bonne fortune de vous féliciter très chaleureusement, vous et tous les officiers et soldats de la Ire Armée française, pour le nouveau et splendide succès remporté par vos vaillantes troupes, auxquelles je suis heureux de penser qu'il a coûté un prix si peu élevé.

L'enlèvement successif des positions préparées avec l'art le plus consommé et le labeur le plus acharné, ne peut faire autrement que d'atteindre le moral des adversaires; d'autre part, les pertes que l'ennemi a éprouvées dans la dure bataille d'hier ont forcément fait subir à ses réserves disponibles une nouvelle et sérieuse diminution.

Bien sincèrement vôtre,

Signé : DOUGLAS HAIG,
Maréchal Commandant en Chef
les Armées britanniques en France.

Le dimanche 19, il venait passer en revue nos troupes au champ d'aviation de Bergues ; et le

____

(1) Voir par exemple : ordre du 22 août. Le lendemain 23 août, à 17 heures précises, tous les barrages de 75 devaient être vérifiés simultanément: quatre coups par pièce à cadence rapide.

samedi suivant 25 août, le général Anthoine était invité à une revue des guards anglais près de Proven.

Fort belle revue, très intéressante pour des yeux français.

15 heures. Un soleil radieux, un ciel bleu d'une admirable luminosité.

Comme terrain de revue, une vaste prairie entourée de bois.

La division avait envoyé quatre bataillons. Ils se présentèrent en colonnes de bataillons accolés, les rangs ouverts à un pas. Des hommes superbes, uniformément grands. Une alignée de géants. (La 1re compagnie — la compagnie du Roi — n'admet, paraît-il, que des hommes de six pieds un pouce au moins.) Une position, au garde-à-vous, impressionnante. Les épaules rejetées en arrière, les mains fermées et montrant la face externe, ils étaient comme contractés dans une extraordinaire immobilité de statue. Les nôtres auprès, même au fixe, semblent remuer. Ces grands gaillards, à la figure rouge, au cou de taureau, aux épaules en porte-manteau, présentant le fusil baïonnette au canon, et qui semblaient ne rien voir, ne rien entendre sinon les commandements, c'était un spectacle prodigieux.

Le général remit des décorations ; puis ils défilèrent par compagnie en ligne déployée.

Un alignement impeccable. Une allure très particulière, souple, rythmée (on eût dit qu'ils dansaient) et solennelle en même temps.

Le rythme du *God save the King.*

Il s'en dégageait une impression de force sûre d'elle-même, saisissante .

Quand ils arrivaient devant le général, un commandement rauque leur faisait tourner la tête à droite, tous d'un même mouvement. Et ils passaient, le pas rythmé, tranquilles, les serres-files la baguette à pomme de métal au port d'armes...

Au second plan, on voyait la musique avec les cuivres étincelants, répétant indéfiniment la même marche à la fois saccadée et berceuse. Auprès était la batterie, les tambours à la caisse bleue, aux garnitures blanches et rouges, — note archaïque — et les superbes Ecossais en kilts et les jambes nues.

Les troupes revinrent se masser par bataillons accolés.

Et le général anglais les fit marcher vers nous en cette formation aux sons du chœur de *Faust*. Très courtois,... mais ce n'était pas le rythme du pas anglais.

Il fit faire halte et présenter les armes : un maniement d'armes d'un ensemble émouvant.

Au combat aussi, ils ont cette même allure égale, d'ardeur concentrée, cette allure que les hommes du 201e et du 8e qui marchaient en liaison avec eux admiraient tant.

Nos alliés de gauche n'étaient pas en reste de manifestations courtoises. Sa Majesté la reine des Belges visitait nos blessés (1).

Elle faisait la tournée de nos formations sanitaires du front : Linde, Zuydhuis, Rousbrugge, se rendant compte de l'aménagement des salles d'opérations, des pharmacies, des dortoirs, en femme qui depuis le début des hostilités s'est entièrement consacrée aux soulagements des

---

(1) Le lundi 20 août.

maux de la guerre et a vécu, peut-on dire, dans les ambulances.

Nos blessés voyaient s'arrêter devant leur lit une dame en robe blanche et overcoat gris, très simple, très douce, qui s'informait de leurs douleurs, de leurs familles, donnait à chacun des paroles de réconfort et aussi quelques douceurs.

Tous étaient gagnés par son charme discret, sa tendre délicatesse, et lui gardaient au fond du cœur une durable et respectueuse gratitude.

Cependant la grande préoccupation du général commandant la 1re armée était, conformément aux intentions du général en chef, de reposer les troupes, veiller à leur bien-être, ne rien négliger pour maintenir leur moral au plus haut (1).

Le lendemain même de l'attaque, dès le 17 août au soir, il avait donné l'ordre de relever les troupes engagées. Le 18, commençaient les opérations de relève de la 162e D. I. (2) par la 51e D. I. et à partir du 20 août, celles de la 2e D. I. par la 1re D. I. Le 20 août pour la première, le 22 pour la seconde, tout était terminé.

Dans leurs cantonnements de la campagne des Flandres, cantonnements dont la zone s'étendait sur une bande de terrain allant de la frontière belge jusqu'aux portes de Calais, nos troupiers goûtaient ces belles journées de soleil. Ils aidaient les paysans à achever la moisson retardée par le mauvais temps du commencement du mois.

— Ils ne comprennent pas le flamand, me di-

----

(1) Instruction particulière n° 31.
(2) Et aussi des troupes de la 241e brigade mises à sa disposition.

sait un paysan de West-Cappel qui avait trouvé ainsi un renfort de main-d'œuvre, mais ce sont de bons gars.

Ces deux poilus que je voyais entasser des gerbes, l'un était du Pas-de-Calais et l'autre de la Dordogne ; mais qu'ils soient du Nord, du Centre ou du Midi, nos hommes sont de « bons gas ». Des mêmes bras dont quatre ou cinq jours auparavant, ils maniaient les mitrailleuses devant la ferme Champaubert ou des Lilas, ils liaient maintenant des gerbes. Il leur semblait se retrouver chez eux ; de reprendre le travail des champs, ils étaient tout regaillardis.

Moyennant quelques litres de pinard et quelques améliorations à l'ordinaire, les paysans des Flandres avaient là de « bons gars » qui remplaçaient les fils de la maison.

Le général profitait encore de ces journées de beau soleil pour les envoyer, les uns après les autres, aux bains de mer, à Malo-les-Bains.

Aux bains de mer ! en camions-autos ! Les hommes étaient émerveillés.

— Çà n'est pas de blague, mon capitaine ! On est parti à 9 heures, on est revenu le soir ! Toujours en auto !

Ce qui restait, comme souvenir des attaques : c'était la perfection du travail d'artillerie ; le peu de pertes subies.

« Çà n'est pas comme à Craonne », était le « leitmotiv » de toutes les appréciations.

Les souvenirs pénibles du 16 avril 1917 étaient restés vivants dans ces régiments du 1er corps (1).

____

(1) Voir notre ouvrage : *L'erreur du 16 avril 1917.* — Fournier, éditeur.

Verdict redoutable que celui du troupier, mais qu'en bien comme en mal un chef doit savoir accepter.

L'infanterie au repos, il fallait encore s'occuper de l'artillerie « ménager le personnel et le matériel » (1), faire reposer les chevaux, martyrs eux aussi de ce terrain épouvantable.

Il fallait aussi laisser souffler l'aviation.

Les exploits des « Cigognes » (2) continuaient.

Le 17 août, Guynemer avait encore abattu deux ennemis, à quelques minutes d'intervalle, l'un à 9 h. 20, l'autre à 9 h. 24. L'extraordinaire pilote avait pris la photographie du premier au moment où celui-ci, blessé à mort, piquait.

Le 20, il en abattait encore un. C'était sa 53e victoire. Ce devait être, hélas ! la dernière (3).

La chasse donc continuait. Mais là aussi le général entendait que l'on ménageât ses forces pour les combats futurs. Et il donnait l'ordre, par exemple, de suspendre les expéditions de bombardement de jour, faites en vue de provoquer au combat l'aviation ennemie (4).

L'amélioration du secteur s'avançait rapidement.

Dès le 24 août, la voie de 0",60 pouvait desservir les batteries jusqu'au canal.

---

(1) Instruction particulière n° 31.
(2) La célèbre escadrille faisait partie de notre aviation, comme nous l'avons vu.
(3) Pour estimer à sa juste valeur une pareille performance, il faut songer qu'un grand pilote, comme Guynemer, doit livrer dix à quinze combats pour abattre un boche ; un pilote moyen une cinquantaine, et s'être fait descendre lui-même quatre ou cinq fois.
(4) Instruction particulière n° 31.

Les ponts se construisaient.

Les pistes en caillebotis parcouraient le terrain jusqu'en première ligne. Les 1ʳᵉ et 51ᵉ divisions, fraîches et venant du repos, activaient la besogne, — d'autant que le Boche, énergiquement « maté » réagissait peu.

Quelques pages de mon carnet donneront au lecteur mieux que tout essai de description une idée de ce qu'était la vie dans les Flandres à ce moment.

Jeudi 30 août.

Ciel gris, lourd de nuages. Le vent souffle toujours, — moins violemment qu'hier cependant.

Suis allé à Smiske Cabaret.

J'ai arrêté l'auto à Lizerne.

Quelques pans de mur qui n'ont pas un mètre de haut, c'est tout ce qui permet de faire deviner qu'il y eut là une agglomération. Le nivellement est absolu. Mais la route est rouge de brique pilée.

Des sapeurs du génie sont en train de construire un pont métallique sur le canal (1).

L'eau, ici, a 2 mètres environ de profondeur, auxquels il faut ajouter 0ᵐ,30 de vase. Les deux tabliers en fer et les poutrelles transversales sont posées. Il faut encore soutenir le tout d'une solide charpente sur pilotis. Ce sont des ouvriers de l'arsenal de Brest — venus au front comme volontaires — qui procèdent à la construction.

A côté de la puissante membrure de fer peinte en rouge, demeure encore le lacis de pilotis provisoire. Plus loin, camouflé de toiles vertes, est le pont pour piétons.

---

(1) Entre Lizerne et le canal, se trouvait le village de Steenstraat. Il est à remarquer qu'il n'en est pas ici question : il n'en restait plus la moindre trace.

La route qui va vers Smiske-Cabaret (et qui est la route de Dixmude) est une route pavée. On la suit aisément. Sans doute la chaussée est quelque peu boursoufflée, gondolée, rapiécée par places, mais, en somme, elle a peu souffert.

A droite et à gauche, jusqu'à l'embranchement de Bixschoote, on voit des tas de cailloux pour l'empierrement des bas-côtés.

Un seul point est franchement détruit : au débouché du pont.

Là passait la première ligne boche, — laquelle est bouleversée ici comme devant Hetsas ou devant Boesinghe.

Les abris en béton sont bousculés, écornés, quelques-uns même entièrement détruits.

Ceux que l'on voit lorsque l'on se dirige vers Smiske ont souffert, eux aussi.

Aux Deux-Maisons, je trouve des poilus du 33e R. I. (1). Ils ont construit avec de la tôle recouverte de terre et de morceaux de briques des gourbis où l'on entre à quatre pattes, — de vraies niches à chien. Je m'arrête devant l'un de ces gourbis. Sort un poilu, puis un autre, puis un autre encore.... Ils habitent à cinq dans ce trou !

Le soleil se montre à travers les nuages. Il fait doux. Ils sont gais. Ils me montrent une tranchée qu'ils sont en train de construire. Elle n'a pas un mètre de profondeur, et déjà l'on trouve l'eau.

D'ailleurs, tous les trous d'obus sont transformés en mares...

Du Cabaret Smiske, plus trace. A la place est un blockhaus en béton où le commandant X... a établi son P. C...

Je pénètre dans une chambre basse pratiquée

---

(1) 51e division.

à l'intérieur du béton. Une toile de tente empêche le jour d'entrer. Je vois, de chaque côté d'une table où brûle une bougie, le commandant — un petit homme brun, d'une cinquantaine d'années, à l'accent grasseyant —, et son adjoint, jeune capitaine de trente ans à la figure fine, émaciée.

Ils semblent prostrés. Ils regardent la bougie se consumer sans proférer une parole. Le capitaine fume lentement une pipe.

— « Ils sont beaucoup plus méchants depuis deux jours, fait le commandant.

— « Oui, ils s'amusent à tirer sur des isolés, confirme le capitaine. Ce matin, deux agents de liaison partent d'ici. Ils n'avaient pas fait dix mètres sur la route : un obus ! Ils se couchent ; ils repartent : un autre obus !

— « On sait que ce P. C. est un P. C. important. Les Belges des divisions voisines se sont amusés à y venir par groupes ces matins-ci... Les Boches ont, de l'autre côté du Saint-Jansbeek des observatoires dans les arbres... Ils voient du mouvement, ils tirent.

— « Il y a trois jours, le lieutenant Y... pour aller à un dépôt, à 400 mètres d'ici, a reçu un obus. Il est mort à l'hôpital de Rousbrugge... Vous êtes venu seul ?

— « Ma foi oui ! je préfère circuler seul...

— « Le lieutenant Y... avait son ordonnance. Heureusement pour lui. Il n'a pas eu l'angoisse du blessé qui se dit : « Viendra-t-on me relever ? »

— « Oui, fait le commandant. Il ne faut pas venir ici pendant le jour... »

Quelle vie !... La pensée de la mort pèse sur ces deux hommes.... Et dans ce trou où l'on ne respire pas, devant cette pauvre bougie qui éclaire faiblement, leur inquiétude me gagne moi aussi...

— « *A 11 h. 30, ajoute le capitaine, ils ont envoyé un obus juste à la porte du gourbi... Ils connaissent très bien tout ce terrain... Maintenant leurs batteries doivent être placées...* »

Ma présence les gêne certainement. Je sens leur malaise et j'en suis gêné...

Je prends congé....

Le vent s'est levé. De longs nuages noirs obscurcissent le ciel. Quelques obus passent. Le bruit du vent rend plus sinistre leur sifflement que l'on n'entend qu'au moment où ils arrivent au-dessus de la tête...

Je suis venu tranquillement, la canne à la main ; et maintenant une angoisse m'étreint. Est-ce bête ?

⁎⁎⁎

Telle était la vie dans ce coin du front en temps calme.

Comme l'on voit, ce n'était pas le paradis. Néanmoins, grâce aux mesures que nous avons énumérées plus haut en faveur des troupes mises au repos, (et toutes l'étaient à tour de rôle) le moral se maintenait excellent.

Malheureusement, de l'intérieur venait en cette fin d'août et durant le mois de septembre un souffle malsain dont l'influence contrariait l'œuvre accomplie. Il ne faut pas oublier que les journaux étaient fort lus sur le front, et que durant les longues heures d'inaction les cerveaux travaillaient.

Or, l'on apprit au début de septembre la brusque déconfiture de l'armée russe à la suite de la victoire allemande de Riga. C'était une auxiliaire de moins contre l'ennemi commun.

Mais surtout ce qui affectait les esprits, c'était notre propre situation intérieure. Il y avait crise ministérielle, et elle ne pouvait se résoudre à cause de l' « exclusive » prononcée par les socialistes contre M. Ribot que M. Painlevé, chargé par le président de la République de former le ministère, estimait indispensable aux Affaires étrangères. Ces intrigues devant l'ennemi contre lequel il luttait quotidiennement étaient incompréhensibles pour le poilu. Il les jugeait sévèrement. Au propre, elles le rendaient furieux.

Pour comble, on apprit vers le même temps (13 septembre) que 27.000 francs en billets *suisses* avaient été trouvés à la Chambre dans le vestiaire d'un député des Côtes-du-Nord nommé Turmel ; qu'un rastaquouère, fort répandu d'ailleurs dans le plus grand monde politique, « Bolo-Pacha », était inculpé d'avoir versé cinq millions et demi au sénateur Charles Humbert, directeur du *Journal* afin de mettre ce quotidien dans la dépendance de l'ennemi.

On s'imagine l'écœurement que tant d'ignominie provoquait chez tous les combattants, et que nous révélait le contrôle (1) de la correspondance. Il fallait tout le fatalisme résigné des uns, toute

---

(1) Le contrôle de la correspondance, — c'est-à-dire l'ouverture des lettres —, est une chose odieuse, qui se justifiait alors par la nécessité où était le commandement d'être exactement renseigné sur le moral de la troupe, et aussi d'empêcher les indiscrétions. Il donna lieu à d'étranges abus. Je n'en veux pour preuve que la saisie de la lettre suivante expédiée par un maréchal des Logis du 1ᵉʳ escadron du train à *sa femme*. (Contrôle postal de Boulogne du 20 août 1917.)

« Nul doute que les Boches en ont assez puisqu'ils ont fait intervenir le pape. Que te disais-je que cet individu était vendu à l'Allemagne. A mon avis, la religion catholique a attrapé un sale coup, car tout bon Français ne peut que critiquer les agissements du pape, car il soutient le meurtre et le vol ; moi pour ma part je suis fini. »

« Cette lettre, disaient les motifs de saisie, n'émet qu'une opinion personnelle, mais le lecteur a cru devoir faire une fiche, estimant qu'il pouvait y avoir intérêt à *ne pas laisser circuler des jugements aussi peu motivés* » (sic ! ! !).

l'abnégation héroïque des autres pour le sur-
monter.

Enfin, la propagande défaitiste inaugurée par
le *Bonnet Rouge* et le *Pays* continuait sous le
manteau. On faisait circuler parmi les troupes
au moyen de « personnes sûres » des question-
naires dans le genre de celui-ci : « — Qui a voulu
la guerre ? — Qui est responsable de sa conti-
nuation ? » etc...

Un travail souterrain s'opérait pour faire subir
à l'armée française le sort de l'armée russe.

Cependant un deuil cruel venait frapper
la 1re armée.

Le mardi 11 septembre, le capitaine Guynemer
s'envolait du terrain de Saint-Pol-sur-Mer à
8 h. 35, en compagnie du sous-lieutenant Bozon-
Verduras.

A 10 h. 25, le sous-lieutenant rentrait.

Il était seul.

Il donnait à son chef d'escadrille le compte
rendu suivant « Compte-rendu du sous-lieutenant
Bozon-Verduras.

« Heure de départ 8 h. 35.

« Heure de rentrée 10 h. 25.

« Altitude maxima 5.900 mètres.

« A 9 h. 25, attaquons avec le capitaine Guynemer un biplan sur les lignes au-dessus de Poelcapelle. Fait une passe et tire trente cartouches,
pendant que le capitaine poursuit le combat que
je suis obligé d'interrompre pour surveiller huit
monoplaces qui viennent m'attaquer. Depuis je
n'ai plus revu le capitaine Guynemer. A 10 h. 20
attaque un biplan chez'nous au-dessus de Poperinghe à 5.900 mètres. Tire dix cartouches à bout

portant de face. Mitrailleuse s'enraye. Impossible de la désenrayer : poursuit le Boche parallèlement qui revient sans être inquiété.

Signé : Bozon-Verduras. »

Le héros avait disparu. On ne retrouva point son corps. Quand les Anglais s'emparèrent de Poelcapelle le mois suivant, des recherches minutieuses furent faites. Elle restèrent vaines, comme si le ciel, ainsi que devait le dire plus tard le général Anthoine (1), « jaloux de son héros, n'avait pas consenti à restituer à la terre les dépouilles qui reviennent de droit à celle-ci ; comme si, tout entier, Guynemer s'était envolé vers l'empyrée, par une miraculeuse assomption, disparu dans la gloire ».

Ce fut dans l'Armée une stupeur douloureuse. Toutefois comme Bozon-Verduras n'avait rien pu préciser, longtemps on espéra. D'autant que les Boches n'avaient pas triomphé de cette victoire de la façon retentissante que l'on eût attendu d'eux.

Ils avaient simplement désigné comme étant le vainqueur le lieutenant Wissemann.

La vengeance ne tardait pas.

Le 30 septembre, un de nos as déjà illustre, l'adjudant-chef Fonk (2), abattait Wissemann.

En ce mois de septembre, — où le temps fut constamment beau — il n'y eut guère dans notre secteur d'autre activité que celle de l'aviation.

---

(1) A la cérémonie du 30 novembre 1917, à laquelle le général voulut que la Iʳᵉ Armée fit ses adieux au glorieux pilote sur le terrain même d'où il s'était envolé pour la dernière fois. (Voir *Illustration* du 8 décembre 1917.)

(2) Aujourd'hui capitaine.

Des deux côtés.

C'est le moment, on se le rappelle, où les Boches s'acharnèrent tout particulièrement sur Dunkerque. Les nuits étaient, en général, fort belles, étincelantes d'étoiles, ou éclairées de la clarté blanche de la lune qui faisait luire les tuiles vernissées des toits, et transformaient les canaux en lignes d'argent guides des agresseurs.

Presque chaque soir, tantôt vers 20 heures, tantôt entre 21 h. 30 et 22 heures, nous entendions ronfler au-dessus de nos têtes les moteurs des avions boches qui allaient bombarder Dunkerque ou Calais (1).

Du 31 août au 2 octobre, la première de ces deux malheureuses villes subit seize bombardements. On estimait à 1.200 le nombre des bombes d'avions qui tombèrent dans son enceinte. Les faubourgs n'étaient pas épargnés. Saint-Pol, Rosendaele étaient atteints eux aussi. Partout d'innocentes victimes tombaient, des femmes, des enfants nouveau-nés comme à la maternité à Rosendaele.

A ces bombardements s'ajoutaient ceux — moins dangereux — des pièces de 380, en batterie dans les parages de Leugenboom, et que nos 320 prenaient à partie le 24 septembre, — sans grand succès, semble-t-il.

En représailles, nos avions allaient bombarder les gares boches en arrière du front. Celle de Roulers, dans la nuit du 1er au 2 octobre, reçut 1.200 kilogrammes de projectiles.

---

(1) Cette recrudescence de l'activité correspondait à un renforcement de l'aviation boche de bombardement sur notre front, par la IV° Kampfgeschwader (cinq escadrilles) au mois d'août. Sur vingt-et-un Kampfgeschwader connus, quatorze se seraient trouvés dans les Flandres en septembre 1917.

***

Cependant nos Alliés continuaient leur progression vers les crêtes qu'ils avaient entrepris de conquérir.

Les 20 et 26 septembre, ils faisaient deux attaques victorieuses. Au nord — c'est-à-dire à proximité des points où ils étaient en liaison avec nos troupes — ils élargissaient leurs gains autour de Langemarck ; au centre, ils atteignaient Zonnebeke et en occupaient une partie.

Avec leur opiniâtreté légendaire, ils en déclenchaient une troisième le 4 octobre. Par une bonne fortune qui n'arrive qu'aux persévérants, leur attaque, lancée à 5 h. 40, précédait de quelques instants une attaque boche. Si bien que leurs barrages roulants tombèrent dans les rassemblements de divisions qui prenaient leur dispositif d'assaut. On peut imaginer les ravages qu'ils y firent.

Malgré un temps affreux — il plut toute la journée, et le soir à torrents — le succès anglais fut complet. Sur toute la longueur du front d'attaque — environ douze kilomètres — ils avaient progressé de un kilomètre à un kilomètre et demi.

Ils atteignaient Poelcapelle.

Une nouvelle avance était possible.

Dès le 5 elle était décidée et le 6 la préparation commençait.

CHAPITRE IV

Les offensives d'octobre 1917.
(9-22-26-27 octobre.)

Le 15 septembre, le général Nollet avait remplacé dans le commandement du secteur d'attaque le général Lacapelle.

C'était donc l'état-major du 36e corps qui allait jouer, dans la conduite des opérations, le rôle qu'avait joué jusque-là l'état-major du 1er corps, — sous la haute direction, bien entendu, du général Anthoine et de l'état-major de la Ire Armée.

D'autre part, la dotation de l'armée en artillerie avait été diminuée et modifiée. On lui avait, en particulier, enlevé son artillerie de tranchée qui ne trouvait plus son emploi ici et faisait besoin ailleurs.

Les moyens restaient, néanmoins, considérables. C'étaient : quarante-cinq batteries de 75 ; cent neuf batteries d'artillerie lourde ; trentequatre batteries de 155 obusiers (Schneider et Saint-Chamond) ; sept batteries de 220 ; dix de 270 C.; deux de 280 ; six de 105 ; six de 120 L. ; six de 145 ; dix-huit de 155 L.; quatre de huit pouces; enfin soixante-treize pièces d' A. L. G. P.; au total, six-cent-vingt-trois pièces de tous calibres. Comme l'on voit, nos disponibilités en matériel nous permettaient à ce moment de la guerre de grosses concentrations simultanées, — car en même temps que l'on poursuivait en cette fin de septembre 1917 l'offensive des Flandres, on préparait celle de la Malmaison.

***

Quant à nos adversaires, ils avaient durant le

mois de septembre considérablement renforcé leurs organisations défensives. En particulier, ils avaient exécuté des travaux dans la forêt d'Houthulst. En arrière, leur Flanderstellung — ce que nous appelons la ligne Hindenburg — se fortifiait chaque jour.

D'autre part, le séjour dans les abris bétonnés était devenu pour leurs troupes un cauchemar (1) par suite de la précision et de la violence de notre tir, ils avaient recours à un nouveau moyen de défense : l'organisation des entonnoirs. Ils en creusaient même d'artificiels (2) facilement reconnaissables d'ailleurs sur les photographies d'avions au bourrelet de déblais large et régulier qui les encerclait .

Enfin le succès des Anglais aux attaques précédentes leur avait fait modifier leur dispositif défensif. Devant les difficultés que le jeu des contre-attaques avait rencontrées dans les assauts d'août et de septembre, ils renforçaient leurs premières lignes en donnant pour mission aux troupes qui les occupaient de contre-attaquer elles-mêmes par leurs propres moyens à la baïonnette et à la grenade (3).

Or ce nouveau procédé venait de se montrer inopérant le 4 octobre. Il n'avait pas empêché les Anglais d'enlever douze kilomètres de front et d'atteindre Poelcapelle. Le haut commandement ennemi s'inquiétait, et à tel point que Ludendorff lui-même se rendait sur les lieux « afin d'y traiter des mêmes questions avec des officiers ayant pris part aux combats. »

« Il fallait, dit-il dans ses souvenirs, réformer

----

(1) V. B. R. n° 113, du 13 octobre 1917.
(2) V. B. R., n° 109, du 7 octobre.
(3) V. ordre de la 5e brigade d'infanterie de la Garde (4e D. G.), du 29 septembre 1917. (B. R., n° 109, du 7 octobre.)

notre tactique défensive. Nous avions tous ce sentiment ; mais il était infiniment difficile de trouver la bonne solution. Nous ne pouvions que tâtonner prudemment. Les propositions que me faisaient les gens sur place s'inspiraient plutôt de notre ancienne tactique. Elles consistaient, au reste, à renforcer légèrement nos lignes avancées et à renoncer aux contre-attaques par des divisions d'intervention ; celles-ci devaient être remplacées par des contre-attaques locales. *Une division de seconde vague, amenée tout près du front, avant le début de l'attaque ennemie et répartie sur un large front, devait mener les contre-attaques.* Pendant que la ligne avancée s'épaississait encore pour devenir plus vigoureuse, le champ de bataille s'approfondissait davantage. *Au fond, cette méthode revenait pour le haut-commandement, à disposer derrière chaque division de première ligne une deuxième division, c'est-à-dire provoquait une consommation de forces comme on n'en avait pas encore vu* (1). »

**

L'objectif de la nouvelle offensive (2) était en liaison avec l'armée britannique — d'encercler étroitement la forêt d'Houthulst en étendant l'investissement jusque vers l'étang de Blankaart.

Elle devait comporter deux phases principales.

Dans la première, nos troupes attaquant le 9 octobre, avaient pour tâche de couvrir le flanc gauche de l'armée britannique en s'emparant de la crête qui domine la lisière sud de la forêt d'Houthulst, et d'atteindre la ligne jalonnée par

____

(1) ERICH LUDENDORFF. — *Souvenirs de guerre,* trad. française, t. II, p. 97-98.
(2) Instruction générale n° 28, du 28 septembre 1917.

les lisières nord du village de Veldhoek, la maison de Jean-Bart, la maison de Duquesne et la ferme de Papegoed, — la gauche du secteur d'attaque était couverte par le Corverbeek jusqu'à son confluent avec le Saint-Jansbeek.

Dans la seconde phase, agissant en liaison à gauche avec l'armée belge, nous occuperions la presqu'île de Luyghem, afin de nous assurer le débouché au nord du Saint-Jansbeek et du Corverbeek.

Ces résultats nous furent acquis à la suite des attaques des 26 et 27 octobre.

Dans l'intervalle, nos troupes durent, le 22 octobre, engager une action de faible développement pour protéger le flanc gauche de l'armée britannique qui avait légèrement progressé.

Avant que s'engageassent les nouvelles opérations, le général commandant en chef vint faire une visite à la 1re Armée. Voici ce qu'en dit mon carnet.

Samedi 6 octobre.

Ce matin, le général Pétain est venu passer en revue la 2e D. I. et la 162e D. I., avec les fusiliers-marins et les compagnies 24/3 du 7e régiment du génie, et 1/3 T. du 3e régiment.

Ciel bas. Pluie fine. Terrain détrempé.

— « Le patron allonge, me dit le commandant Sérot. »

Et de fait, le général est d'une jeunesse extraordinaire. Sur l'herbe mouillée, où l'on patine, il avance à une allure que l'on a peine à suivre, une allure de chasseur à pied. Aucune raideur ; un corps souple, à peine un peu empâté. Et il a soixante-deux ans !

Je le regarde marcher, les épaules larges, les

jambes nerveuses, le képi à feuilles de chêne sur les cheveux blancs coupés courts. N'étaient ces cheveux blancs, on croirait un homme de trente ans.

Le général Anthoine — qui pourtant est magnifiquement vert — paraît lourd derrière lui. Sa démarche est raide auprès de cette allure souple de jeune homme.

Viennent ensuite le général La Capelle (1er C. A.), puis le général Mignot (2e D. I.) et le général Messimy (162e D. I.). Celui-ci également à l'allure très jeune dans son uniforme flambant neuf, et avec ses fortes moustaches blondes... On s'arrête. Je le vois de face. Sous le casque, cette face paraît rougeaude, bouffie. Les yeux y disparaissent et l'on ne voit que les deux moustaches blondes, frisées.

Le commandant Sérot, qui, avec le lieutenant-colonel Duchêne accompagne le général Pétain, est un homme grand, sec, la figure maigre, taillée à larges pans, le maxillaire en fer à cheval, les yeux profondément enfoncés sous l'orbite, le nez aquilin. Les cheveux, qui ont été très noirs, sont maintenant poivre et sel.

Les yeux noirs, d'un éclat extraordinaire, ont un regard aigu qui fouille. Figure d'homme d'action, décidé, énergique, prodigieusement intelligent.

Bel exemplaire d'humanité : l'homme d'action cultivé. Le contraire de ce que nous offre la Bochie : — des brutes ou des cuistres, — parfois un aimable assemblage des deux...

Après être passé devant le front des troupes, le général a fait venir les drapeaux. Magnifiques ces drapeaux troués. L'un d'eux, celui du 208e, est tout en loques. Un lambeau de rouge pend après le blanc déchiqueté.

Le lieutenant-colonel Duchêne lit les citations ;

le général — qui a revêtu son manteau car il fait froid —, décore les drapeaux.

— « Sonnez aux officiers !

« Messieurs, la dernière fois que je suis venu, je vous avais promis de revenir vous apporter des récompenses ; me voici... vous avez reçu le chèque que je vous ai envoyé, mon colonel ?

— « Oui, mon général !

— « Chaque régiment qui sera cité à l'ordre de l'armée recevra un chèque de mille francs, adressé au colonel, pour donner quelque argent aux hommes qui partent en permission, organiser quelque fête... Enfin, le colonel en fera ce qu'il voudra. Je ne demanderai jamais de compte à ce sujet.

« Je ne viendrai jamais les mains vides.

« Je vais vous demander un nouvel effort.

« J'espère que vous me ferez revenir vous voir pour vous apporter des récompenses...

Et maintenant quelqu'un a-t-il quelque chose à me demander ? »

Il interrogea l'un après l'autre chaque colonel.

— « Messieurs, je crois qu'il vaut mieux ne pas défiler. Le terrain est bien mauvais.

— « Mon général, le général La Capelle proteste ».

Les officiers, que la cordialité du général ont gagnés, demandent aussi à défiler.

— « Eh bien! soit ! mais il est bien entendu que quoi que vous fassiez, ce sera très bien. »

Et en effet ce fut très bien.

Les régiments défilèrent par bataillons en colonnes doubles d'une manière impeccable.

Aucune des revues du temps de paix n'aura été aussi émouvante que les revues de ces hommes qui vont mourir ; qui, devant le chef qui les conduit, passent d'un pas alerte, nerveux, fier, tour-

nant la tête vers lui lorqu'ils arrivent à sa hauteur et le regardant bien en face...

Et ce soir les journaux nous ont apporté les échos de l'affaire Malvy : un égout débordant de boue, d'incompétence hargneuse, de tripotages ignobles, de compromissions honteuses, et couvrant tous ces individus qui se flattent de nous représenter.

Salauds !

Toujours comme au temps de la Convention : les honnêtes gens aux frontières ; les gredins s'enrichissant et faisant bombance à l'intérieur.

Nuit noire.

1° L'Attaque du 9 octobre.

Le 5 octobre, le général donnait ses ordres afin que la préparation d'artillerie fut commencée dès le lendemain. (1)

« On prendra toutes mesures pour faire le tiers du travail.

Si l'on ne peut faire des tirs observés et contrôlés, on fera des concentrations de feu.

Il faut commencer par la première ligne. La préparation sur la première ligne ne souffre pas la médiocrité...

Dans la nuit du 6 au 7, on commencera l'interdiction.. Je ne veux pas de crescendo dans l'interdiction. Il faut qu'elle ait toujours le même rythme, afin que l'ennemi ne soit jamais prévenu du moment où « les temps sont révolus ».

---

(1) Nous avions devant nous la 119° D. I. que nous connaissions déjà (voir plus haut) et la 18° D. I. (général Von Blottnitz), entrée en secteur le 16 septembre.

Ordre de bataille du nord au sud: 85°, 31°, 86°. Recrutée dans la région de Hambourg et du Sleswig-Holstein, c'était une division fraîche qui s'était bien battue au printemps, en Artois, et n'avait pas été engagée depuis. (Voir *B. R.* n° 99, du 27 septembre 1917.)

Il faut que le tir soit surtout violent dans la dernière heure de la nuit et les deux heures qui suivent la pointe du jour, afin de ramasser les gens qui s'intéressent au café...

On me détruira le bois de Papegoed. Je n'en veux plus (1) ».

Mais, cette fois encore, le temps se mettait contre nous.

Dès la nuit du 2 au 3 octobre, la pluie avait reparu. Depuis elle n'avait guère cessé, transformant rapidement en marécage notre terrain d'offensive.

Ce qu'il y avait de plus grave, c'est que la visibilité ayant été déplorable pendant ces trois jours, notre préparation d'artillerie se trouvait imparfaite, et ce n'est pas sans inquiétude que le général Anthoine donnait le lundi soir, 8 octobre, à 21 h. 30, ses derniers ordres.

Etait présent le général Nollet commandant le 36ᵉ C. A.

— « Eh bien! le 36ᵉ C. A.

— « Eh bien! mon général ! les troupes sont fraîches (il pleuvait à plein temps depuis 16 heures : un ciel de mort). Ils sont de bonne humeur.

C'était un homme de soixante ans environ. Gros ventre, bombant sous la tunique. Figure pâle, intelligente, front bombé, nez pointu. Un air de vigueur.

Il semblait en avoir pris son parti.

Le général Anthoine aussi était de belle humeur ; mais il n'était pas difficile de deviner de l'appréhension dans ses grands yeux noirs cerclés de bistre, et dans sa figure pâle aux traits tirés par la fatigue de ces derniers jours.

« C'est une question d'honneur national »

---

(1) Rapport du 5 octobre, 21 h. 30.

m'avait-t-il dit. Il fallait tenir la parole donnée aux Anglais.

*_**

De fait, des troupes ayant moins d'allant que l'admirable division engagée (1) se seraient peut-être laissées arrêter.

Il s'agissait, en effet, pour nos soldats, de franchir le Broenbeek, transformé sur une largeur de 80 à 100 mètres suivant les endroits, en un marais de trous d'obus pleins d'eau entre lesquels on ne pouvait passer que sur les rebords de boue noire qui les encerclaient et où l'on enfonçait jusqu'à la poitrine.

Or, un blockhaus laissé intact par la préparation devant le secteur du 208ᵉ battait de ses mitrailleuses tout le lit du ruisseau (2), tandis que des mitrailleuses en position dans la région de Draaibank prenaient d'enfilade les vagues du 110ᵉ et que le 8ᵉ avait à essuyer celles de fortins à peu près intacts.

Néanmoins la vaillance de ces troupes fut telle que parties à 5 h. 20 (3) (heure H), dès 11 heures elles occupaient la majorité de leurs objectifs. Une nuit passée sous une pluie diluvienne, s'abattant par rafales dans les gémissements de la tempête, avait glacé leurs membres sans affaiblir leur courage.

Cependant l'ennemi réagissait. A notre gauche une contre-attaque déclenchée à 10 h. 30 lui permettait de reprendre la ferme de la Victoire et

---

(1) La 2ᵉ D. I. L'ordre de bataille était de gauche à droite : 110ᵉ, 208ᵉ, 8ᵉ ; deux bataillons accolés du 110ᵉ, un bataillon du 208ᵉ, deux bataillons accolés du 8ᵉ en liaison avec les Scotts Guards.

(2) Le tiers des pertes du bataillon furent faites à cet endroit.

(3) Il avait fait une nuit effroyable: pluie diluvienne et vent soufflant en tempête.

une autre lancée à 11 h. 45 la ferme Papegoed. Mais la première était reprise le soir même à 16 heures, et la seconde le lendemain matin à 4 h. 30.

C'était pour notre armée des Flandres une nouvelle victoire.

Alors que nos pertes ne s'élevaient qu'à quatre cent vingt-trois tués ou blessés, nous faisions cinq cent trente-sept prisonniers, dont treize officiers et cinquante quatre sous-officiers. Le butin était considérable : deux canons, quarante-quatre mitrailleuses, six lance-bombes, etc...

Ce beau succès d'une bataille dont la préparation laissait des doutes sur l'issue, nous le devions d'abord, comme nous le disions, à la valeur exceptionnelle de l'infanterie engagée, mais aussi à l'excellence de l'accompagnement de l'artillerie.

Un barrage (1) dense et profond avait fort heureusement précédé nos vagues d'assaut, suppléant dans la mesure du possible à l'insuffisance de la destruction. Nos admirables fantassins, serrant au plus près, avaient bénéficié presque partout de la surprise de l'adversaire.

2° L'attaque partielle du 22 octobre 1917

Dès le 9 octobre au soir (à 22 h. 40), le général prescrivait de commencer les destructions en vue de la future attaque.

Les tirs d'interdiction devaient être continués (2).

Presque chaque jour, des reconnaissances de notre infanterie franchissaient le Corverbeek et

---

(1) Vitesse: 100 mètres en 6 minutes, puis en 8.

(2) « Il me semble que cette nuit est une bonne nuit à obus toxiques », donnait-il comme première indication.

le Saint-Jansbeek. Elles ramenaient des prisonniers (1).

Malgré quelques matins dorés, le temps était le plus souvent pluvieux; les nuits, déjà longues, devenaient de plus en plus froides et pénibles, dans ce lac de boue qu'étaient nos premières lignes. Au 110ᵉ, comme au 208ᵉ et au 8ᵉ, on commençait à voir des hommes évacués pour pieds gelés. C'était d'autant plus inquiétant que dans ces corps d'élite, nombre de troupiers ne consentaient à être évacués qu'à la dernière extrémité. D'autres, aussi, attendaient de ne pouvoir faire autrement, par l'appréhension que l'on avait à circuler dans le cloaque où tout déplacement était si pénible, et que battait sans cesse les tirs de harcèlement boches.

La pluie, la mauvaise visibilité gênaient, plus encore qu'à la fin de juillet, les opérations ; et l'attaque anglaise du 12 octobre n'ayant pas donné tous les résultats que l'on attendait, la seconde opération anglo-française, d'abord projetée pour le 15 octobre, était remise.

La grosse question était l'aménagement du terrain conquis. Il s'agissait de pousser les pistes et les voies de 0ᵐ,60 près des premières lignes.

Dans l'intervalle séparant le canal du Saint-Jansbeek-Broenbeek, le sol s'était quelque peu amélioré. Le chaos d'entonnoirs remplis d'eau

---

(1) Je croisais l'un d'eux, le samedi 13, près du P. C. du colonel du 110ᵉ. C'était un sous-officier du 46ᵉ R. (119ᵉ D. I.), 26 ans, petit, sec, blond cendré, les joues creuses, la mine fatiguée. Il me dit être originaire de Kottbus, dans le Brandebourg, et ne fit aucune difficulté pour déclarer qu'il s'était rendu parce qu'il en avait assez.

avait été repris par la végétation. Entre les mares dont le vent ridait la surface, la terre était maintenant couverte d'herbe. Des betteraves avaient poussé. Les germes que ce lourd humus argileux renfermaient s'étaient réveillés (1).

Partout circulaient des pistes en caillebotis, — caillebotis de 1^m,50 facilement transportables. Ce n'est pas que la marche y soit particulièrement agréable. Sur ces caillebotis, le soulier glisse ; on bute, on s'accroche les pieds. Mais il n'était guère possible de parcourir sans leur secours cette terre gluante, ocre jaune ou verdâtre dans ses profondeurs, et qui cède sous le pas.

Des pistes plus importantes de quatre à cinq mètres de large, faites de rondins au centre, de fascines sur les bas-côtés, avaient été aménagées pour les voitures. Par ces pluies, elles étaient noyées sous la boue liquide. Partout on croisait des camions embourbés, des attelages n'avançant qu'à grands renforts de jurons et de coups de fouet.

Jusqu'à la hauteur de la ferme des Lanciers, c'était une activité grouillante : corvées chargées de rondins, de caillebotis, de madriers ou portant la soupe. Dans la claire lumière de ces matinées d'automne, sous le vaste ciel où couraient les lourds nuages violets que le soleil levant teintait de reflets roses, c'était, sur ces croupes désolées un va-et-vient incessant, qu'égayaient les files de petits bourricots donnés aux unités pour faciliter leurs transports — celui de l'eau en particulier.

Les « bourris » étaient la grande joie des troupiers. On les voyait trottiner de leurs petites pat-

____

(1) Dans la Somme, également, j'avais remarqué cette reconquête rapide de la nature.

tes fines sur les planchettes des pistes, leur grosse tête disproportionnée attentive à l'endroit où mettre le pied. Ils circulaient avec une adresse merveilleuse le museau toujours en quête d'une croûte de pain que les poilus ne manquaient pas de donner.

— « Ils vont plus vite au retour », remarquaient en riant leurs conducteurs.

*
* *

Cependant, le séjour dans ce bourbier, par ces longues nuits où presque toujours il pleuvait à verse, exténuait rapidement les troupes.

Les hommes ne mangeaient plus, n'avaient plus même le goût d'aller « toucher » leurs vivres. Jamais ceux qui ne les ont pas endurées ne pourront s'imaginer ce que furent pareilles souffrances.

Julien Damoy, qui était le sous-intendant attaché à la division en ligne, (2° D. I.) et que je vis le vendredi 12 octobre, me dit :

— Mercredi (10 octobre) je suis allé trouver le général (général Mignot) : « Mon général, il y a deux compagnies qui n'ont pas pris leurs vivres. » Hier jeudi : « Mon général, il y a quatre compagnies qui n'ont pas pris leurs vivres, dont deux du 8° (le meilleur régiment de cette division d'élite) » Enfin, aujourd'hui : « Mon général, il n'y a que trois compagnies (sur 12) par régiment qui ont pris leurs vivres. Ils ne boivent plus que de la gniole. Ils ont la fièvre. Il faut les relever. »

Dans la nuit du 14 au 15, la 2° division était relevée par la 133°, que venait remplacer le lendemain (nuit du 16 au 17) la 1ʳᵉ D. I.

C'est elle qui allait exécuter l'attaque partielle du 22 octobre.

**

La 35ᵉ D. I. britannique devant attaquer afin de gagner une légère avance, la 1ʳᵉ D. I. avait mission de protéger sa gauche.

Il lui fallait atteindre, en lisière de la forêt d'Houthulst, une ligne jalonnée par la maison Jean-Bart, les points 79-12, 80-13, les abris 82-13 et 82-14 et la ferme 86-15 où elle devait être en liaison avec les Anglais.

Ce furent les 4ᵉ et 5ᵉ bataillons du 201ᵉ, à qui revint l'honneur d'accomplir cette tâche. (1)

La préparation commença le lundi 21 octobre vers 15 heures, et le lendemain matin à 3 h. 20, par une tempête effroyable, nos vagues d'assaut partaient à l'attaque (2).

A 6 h. 45, elles avaient atteint tous leurs objectifs, après un assez rude combat de mousqueterie (3), qui nous avait coûté environ 150 tués ou blessés.

24 prisonniers (dont un officier) (4) 2 canons de 77, et un minenwerfer restaient entre nos mains.

3° Attaques des 26 et 27 octobre 1917.

Restait à accomplir la dernière partie de la tâche.

------

(1) Le 6ᵉ bataillon était chargé des ravitaillements.

(2) L'accompagnement de l'artillerie et la contre-batterie furent excellents. Ce qui caractérise à ce point de vue toutes les actions des Flandres, c'est le peu de réaction de l'artillerie boche. Alors que nos batteries tiraient 99.000 coups de 75 et 25.000 coups d'A. L., les batteries ennemies ne répondaient que par 1.800 coups.

(3) Les hommes du 201ᵉ y furent magnifiques d'ardeur, comme toujours, en particulier le sergent Delobel et le soldat Brissez, qui y gagnèrent l'un et l'autre la médaille militaire.

(4) Ils appartenaient à la 58ᵉ D. I. (103ᵉ, 106ᵉ, 107ᵉ), division saxonne venue de Russie.

L'armée franchissant le Corverbeck et le Saint-Jansbeek devait *s'assurer la tête de pont définie par la ferme Dungelhof, la tranchée de la Tour, Verbrandesmis et la Villa ; puis élargir cette tête de pont de manière à englober Aschoop, Kippe et Merckem, enfin toucher au sud de la ligne des inondations du lac Blankaart et faire tomber, par nettoyage, la presqu'île de Luyghem ainsi qu'il a déjà été fait pour celle de Poesele* (1).

**

La préparation (2) commença dès le 22 octobre à midi.

Cette fois, elle n'était pas trop contrariée par le mauvais temps. Sans doute, les matinées étaient en général pluvieuses, mais les réglages bénéficiaient, les après-midi, de longues éclaircies.

Tous les jours, on pouvait faire du bon travail (3).

C'était nécessaire.

Nous avions à enlever de nombreux blockhaus, dont beaucoup, au surplus, dans cette seconde

------

(1) Instruction générale n° 28.

Comme l'on voit, l'armée française avait fait depuis le 31 juillet un changement de front à gauche. L'attaque du 31 juillet avait été dirigée sud-ouest, nord-est. Celle-ci l'était sud-est, nord-ouest.

(2) Pendant toute cette préparation, l'artillerie belge, à notre gauche, nous apporta le concours le plus dévoué et le plus efficace.

(3) C'est ainsi que le 24 octobre, outre 32.000 coups de 75, notre artillerie tirait 15.000 coups d'A. C. et 4.000 d'A. L. L. et, 27 avions de C. A. (corps d'armée) et 5 d'A. L. G. P. sortaient et travaillaient.

La réplique allemande était faible, comme à l'ordinaire : 2.000 coups.

Il en fut de même pendant toute cette préparation. A nos 50 et 60.000 coups de canon de tous calibres, les Boches répondaient par 2 et 3.000.

position (1), étaient des postes de commandement. Certains même, de haut commandement,
ainsi qu'on l'a vu pour l'abri Papegoed. De là,
une construction extrêmement solide. Pour les
démolir, il était besoin de les battre de tirs réglés
avec la plus grande précision.

En ce qui concerne l'abri Papegoed, le plus
important de tous, le succès fut complet.

Déjà, le samedi 20 octobre, nous avions battu
ce bloc de béton de 24 coups de 370. Le mardi 23,
le tir était repris entre 15 et 16 heures. Nous ré-
glions à la S. R. S. (2). Les résultats étaient des
plus heureux : trois coups au but.

Les hommes s'échappaient du blockhaus, affolés. Trois d'entre eux étaient cueillis par nos
avant-postes.

Ils appartenaient à la 4e compagnie du 180e
régiment (3). Ils déclarèrent qu'au moment où
commença le bombardement, l'abri était occupé
par soixante hommes environ. Vers 16 heures
deux obus tombèrent dessus et le firent vaciller.
Des hommes — une vingtaine — sortirent des
chambres, préférant se réfugier sous la « vé-
randa » en tôle ondulée couverte de béton établie
sur la face nord. Un troisième obus s'abattit. Une
violente lueur en même temps que d'épais tourbil-
lons de fumée jaillirent de l'intérieur du blockhaus. Ce furent alors des cris et une bousculade
générale vers les issues, déjà en partie obstruées
par les cadavres et les décombres : ce troisième
obus avait crevé le plafond de béton d'une des
chambres, et les soldats de notre 1er régiment
d'infanterie y trouvèrent le 26 les débris d'une

-----

(1) Voir chapitre Ier.
(2) Voir 1re partie.
(3) 40e D. I. Elle était rentrée le 16 octobre, dans ce
secteur d'où elle avait été relevée, — ainsi que nous
l'avons vu — le 13 août.

quinzaine de corps. Les survivants s'enfuirent dans toutes les directions. Les trois qui échouèrent chez nous étaient le lendemain encore où on les interrogea, complètement hébétés. L'un d'eux, un jeune de la classe 1918, était devenu sourd.

*
* *

Les adversaires que nous allions avoir à combattre appartenaient à quatre divisions.

Tout d'abord au nord la 19ᵉ D. L., fidèle aux environs du lac de Blankaart, puis à sa gauche, la 40ᵉ division revenue dans le secteur, comme nous l'avons vu, et que la 8ᵉ D. R. B. (1) récemment

---

(1) 19ᵉ rés. bav., 21ᵉ rés. B., 22ᵉ rés. B, général Jelin, assisté du colonel d'Alleux.

Avant de quitter le front oriental (la 8ᵉ D. R. B. était en Bukovine), la division avait reçu des renforts. En particulier, le 22ᵉ rés. B. avait reçu 1.000 hommes, ce qui lui avait permis de porter ses compagnies à 200 hommes environ.

Le document suivant, qui est le carnet de route de l'un des prisonniers appartenant à la 2ᵉ compagnie du 1ᵉʳ bataillon du 22ᵉ rés. B., donne une idée de ce que sont ces déplacements de divisions.

Le 1ᵉʳ bataillon du 22ᵉ rés. B. quitte le front de Galicie le 15 octobre 1917.

Notre Boche note les étapes de l'itinéraire. Les voici :

« Zablotow (sommes habillés à neuf ; repas du midi ; départ à 15 heures). — Kolomea (18 heures; repartons à 20 heures). — Stanislau (le 16, à 2 h. 1/2; arrêt). — Halicz (7 heures). — Bursztyn (8 heures). — Chodorow (10 h. 1/2; la compagnie nous donne deux jours de pain et de café). — Lemberg (16 h. 3/4; repas du midi). — Przemysl (touchons du café, du pain et du lard). Rzeszow (le 17 à 5 h. 1/2 ; touchons du café et du lard) ; Debica (9 h. 1/2). — Tarnow (11 heures ; repas). — Cracovie (16 h. 1/2; repas du soir; départ à 20 heures). — Sassnowitz (le 18, à minuit; épouillement, ravitaillement, réembarquement dans des voitures à voyageurs). — Kattowitz (10 h. 1/2). — Hindenburg-Bismarckhutte (12 heures). — Gleiwitz (13 heures). — Grosse-Strehlitz (15 heures 1/2). — Brockau (20 h. 1/2; repas). — Gorlitz (le 19, à 5 h. 1/2; distribution de pain, café et saucisses). — Lœbau (7 h. 1/2).— Pommritz (?) (8 heures). — Bautzen (9 h. 1/4). — Bischofswerda-Arnsdorf (10 h.).

arrivée de Russie était en train de relever au moment de notre attaque ; enfin, la 35e D. I. (1) autre division retirée du front russe, et entrée ici en ligne les 22 et 23 octobre, en remplacement de la 58e D. I.

Les divisions qui nous venaient de Russie étaient donc de plus en plus nombreuses.

Ce n'était pas les plus redoutables.

Il en est pour les troupes comme pour les hommes. Les meilleures sont celles qui ont souffert.

Depuis de longs mois déjà, celles-ci ne recevaient ni un coup de canon, ni un coup de fusil. Transportées sur le front des Flandres devant nos poilus qui leur menaient la vie que nous avons vue, et nos canons qui leur servaient, des barrages sérieux sur une profondeur de cinq kilomètres, le changement était trop brusque.

Ils ne tenaient pas.

« Ils se rendent comme des chiens, disait le général au commandant de Bourbon-Busset, chef

---

— Radeberg (10 h. 1/2). — Dresden-Neustadt (10 h. 1/2). — Dresden (10 h. 3/4; café). — Niederwarta-Coswig (11 h. 1/4). — Riesa (12 h. 1/2; départ à 14 heures). — Oschasz (14 h. 1/2). — Wurzen (repas). — Leipzig (17 heures). — Sangerhaussen (minuit; repas). — Herzberg (le 20 à 4 h. 1/2). — Kortheim (7 heures). — Ottbergen-Driburg (12 heures). — Altenbeken (12 h. 3/4). — Paderborn (13 h. 1/2 ; repas). — Lippstadt (15 h. 3/4). — Soest (16 h. 1/4). — Unna (17 h. 3/4). — Dortmund (19 heures). — Bochum (20 heures). — Hohenbudberg (?) (23 h. 1/2; repas et café). — Herzogenrath (le 21, à 7 heures). — Aix-la-Chapelle (8 h. 1/2). — Dolhain (11 h. 1/2). — Verviers (12 heures). — Liége (1 h. 1/2). — Landen (16 h. 1/2; repas). — Louvain (19 heures). — Malines (20 heures). — Bruxelles, Bruges (le 22, à 7 heures). — Thourout (8 h. 1/4, débarquement) ». (*B. R.* n° 131, du 29 octobre 1917.)

(1) 61e 176e 141e, général Von Hahn. Recrutement de Prusse orientale; assez forte proportion de Polonais. (Voir: *B. R.* n° 129, du 27 octobre 1917.)

du deuxième bureau, en parlant de la 35ᵉ D. I..
Vous aurez bientôt là de nouveaux amis (1) ».

Il n'en était pas de même pour la 40ᵉ D. I.,
dont les éléments en position devant nos troupes
opposèrent la résistance la plus acharnée.

⁎

Notre ordre de bataille devait être le suivant
(de gauche à droite) : le bataillon de fusiliers-
marins, le 321ᵉ régiment d'infanterie — (deux
bataillons accolés, 6ᵉ et 4ᵉ), le 401ᵉ régiment d'infanterie (un bataillon), le 1ᵉʳ R. I. (un bataillon)
et le 233ᵉ R. I. (un bataillon).

Un passage de lignes devait être effectué après
le deuxième bond.

Dès le 24 octobre au soir le général réglait
les dernières phases de préparation d'artillerie.

« *Le 25, à partir de 11 h. 30,* ordonnait-il, *le tir
prendra sa pleine intensité et la continuera. Le
26, la cadence d'attaque devra être prise dès
3 h. 30 et soutenue sans qu'une variante soit per-
ceptible à l'oreille* ».

Primitivement, l'opération ne devait exiger
qu'une seule journée. Mais les reconnaissances
aériennes constatèrent que la dépression : ferme
des Deux-Lucarnes-ferme du Hibou était gagnée
par l'inondation dont les pluies des jours précé-
dents avaient considérablement haussé le ni-
veau (2).

Le général décida, en conséquence, à son rapport du 25 au soir, que l'opération se ferait en
deux parties :

---

(1) Le 2ᵉ bureau est chargé, en particulier, de l'in-
terrogatoire des prisonniers et de l'exploitation des
renseignements qu'ils fournissent.

(2) Entre Nordschoote et Drie-Grachten en particulier, la plaine semblait un lac d'eau grise.

« Dans la première, on atteindra le petit ruis-
« seau que les pluies dernières ont gonflé au
« point de le rendre difficilement franchissable.
« Heure H : 6 h.
« Dans la seconde, on atteindra successivement
« Verbrandesmis et Merckem. Jour J : samedi
« 27 octobre. Heure H : à fixer... »

A ce moment, on entendit au dehors des explosions... un bruit de moteurs... le déchaînement des canons de la D. C. A : des avions boches volaient au-dessus de nous. Notre cabane en bois tremblait du fracas des bombes s'écrasant tout près...

Tout le monde demeura parfaitement calme. L'examen des mesures à prendre pour la bataille continua comme si de rien n'était.

Le général se contenta de me dire, comme j'étais près de la porte :

— « Delvert, dites au planton d'apporter les bougies ! »

Car, en cas de bombardement par avions, les sapeurs de la dynamo avaient ordre de couper le courant.

Puis il reprit :

— « Le 27, à 3 heures on reprendra la même cadence que ce matin.... »

Les troupes qui devaient mener les attaques avaient pris leurs emplacements pendant les nuits du 23 au 24 octobre et du 24 au 25.

Dans la nuit du 25 au 26, elles prirent leurs dispositions d'assaut. Ordre leur avait été donné de traverser le Saint-Jansbeek et le Corverbeek avant l'heure H, c'est-à-dire à 6 heures, ce qui se conçoit étant donné les difficultés du franchissement dans un pareil terrain.

Le mouvement commença à 3 h. 30.

Depuis une heure, la lune s'était cachée. On était en pleines ténèbres.

Les colonnes traversèrent sur des passerelles (1) construites par le génie pendant la première partie de la nuit. Ce passage à l'abri d'un tir d'encagement de notre artillerie se fit sans incident.

Les rives nord du Saint-Jansbeek et du Corverbeek étaient un effroyable marécage. Les hommes s'enfonçaient jusqu'aux genoux, jusqu'à la poitrine. On était littéralement happé par ce sol mouvant. Il fallait se mettre à six, à huit tirant sur des cordes de halage données la veille, pour sortir ceux des camarades que l'on pouvait secourir. Un clairon du 4e bataillon du 321e, agent de liaison envoyé pour porter un ordre, resta enlisé trois heures, criant, pleurant, sans qu'on pût venir le retirer.

Des malheureux moururent ainsi.

A 5 h. 30, le commandant Gatinet, commandant le 6e bataillon du 321e, n'avait encore autour de lui de l'autre côté des marais de Saint-Jansbeek, que deux de ses commandants de compagnie (2) et une vingtaine d'hommes.

Pour comble, il se mit à pleuvoir, et des fusées multicolores ennemies faisaient déclencher le tir de barrage, — un violent tir de 105. Heureusement, il était un peu long, et n'avait pour résultat que de soulever des gerbes de boue dans le Saint-Jansbeek.

A 6 heures, malgré tous les obstacles, nos troupes étaient sur leurs emplacements d'assaut et partaient en avant, à la suite du barrage roulant.

----

(1) Quatre par bataillon, mais toutes n'étaient pas praticables.

(2) Les lieutenants Igier et Malon.

Il n'allait pas bien vite : cent mètres en huit minutes ! Et cependant les hommes, harassés, ne pouvaient suivre.

⁂

Rien ne peut donner idée de ce terrain si on ne l'a vu.

Sous le ciel livide, c'était une vision d'horreur qui serrait le cœur.

On eut dit une mer soulevée par la tempête, qui, soudain, se serait figée, et d'où émergeaient çà et là, ainsi que des épaves, quelque pan de mur ou quelque bloc de béton renversé et ébréché.

La terre verdâtre, brune, noirâtre était trouée, forée, déchiquetée. Ici on voyait comme la trace d'un emporte-pièce géant qui aurait brûlé la paroi ; là un arbre coupé en deux, la partie supérieure pendant le long du tronc resté planté en terre.

Partout des flaques d'eau, des débris immondes, des morceaux de ferraille criblés d'éclats ; et aussi, se confondant avec le sol boueux, des cadavres boches dans toutes les poses, tordus, ou étendus sur le dos, une jambe repliée, la main cireuse sur la veste grise d'où sortait une tête verdie aux yeux vitreux. Ailleurs, sur un amas de décombres, couché à la renverse, s'allongeait le corps d'un de nos troupiers des patrouilles d'avant-garde. Une plaie béante lui ouvrait la gorge, l'avait inondé de sang rouge qui maculait la chemise...

La pluie avait cessé.

Parmi le vallon se dressaient sous le ciel mort les troncs noirs des arbres, — les brindilles desséchées pendant le long des fûts qui se détachaient, sinistres, sur la moire grise des nuages.

Au fond de cet érèbe, quelques flaques miroitaient lugubrement.

Et de toutes parts miaulaient les obus qui s'abattaient comme de grands coups de gonds, claquaient les mitrailleuses.

***

Nos hommes avançaient, bravement, malgré les balles.

A l'abri Papegoed, la 6e compagnie du 1er R. I. faisait cinquante-quatre prisonniers (dont deux officiers) et prenait trois mitrailleuses ; à la ferme Mazeppa, sept Boches se rendaient à la 22e compagnie du 321e ; mais cinq autres se défendaient jusqu'au bout, il fallait les tuer sur place.

Au delà de la ligne des Bois (lisière nord du bois Papegoed, du bois Jack), d'ailleurs, la marche, était moins difficile.

La boue était plus liquide.

On s'enfonçait plus, mais on se dégageait mieux.

Vers 7 heures, tous les objectifs étaient atteints et même dépassés.

Notre ligne atteignait la ferme des Deux-Lucarnes, la ferme du Hibou, le carrefour de la Buse, la lisière nord-est du bois de Papegoed, le bois du Trapèze, 71-13, la maison de Jean-Bart.

On s'organisait tant bien que mal sur le terrain conquis, et, dans l'eau, sous la pluie, qui avait recommencé à tomber dès 11 heures, tandis que les brancardiers — héroïques, au prix d'efforts surhumains — évacuaient les blessés, chacun prenait ses dispositions pour l'attaque du lendemain.

Nous avions fait plus de deux cents prisonniers;

nos pertes s'élevaient à trois cents tués ou blessés environ.

L'artillerie ennemie, vigoureusement matée, n'avait réagie que par rafales courtes et violentes, le matin, puis l'après-midi vers 16 heures. A nos quelques 120.000 coups de tous calibres, elle n'avait répondu que par 8.000 coups environ (1).

**

Mais le triomphe à ce point de vue fut la journée du lendemain.

Si notre infanterie se montra magnifique comme elle l'avait toujours été dans les attaques précédentes, on peut affirmer que l'artillerie et l'aviation se surpassèrent.

A sa dernière offensive, la 1re armée atteignait vraiment la perfection.

Voici tout d'abord comment s'effectua la conquête du terrain.

L'heure H était 5 h. 15.

Entre 4 et 5 heures, par la nuit noire, les troupes qui devaient mener l'assaut, prenaient leurs emplacements.

C'était en première ligne (du Saint-Jansbeek à la maison de Jean-Bart), le 102e B. C. P., le bataillon de fusiliers-marins, les 4e et 6e bataillons du 321e, le 1er bataillon du 401e, le 3e bataillon du 1er, enfin les 4e et 5e bataillons du 233e.

Ces derniers étant pivots du mouvement devaient faire une conversion à droite. Leur tâche était peu considérable.

Derrière les bataillons du centre, dont la progression était la plus longue et la plus ardue,

____

(1) On se rendra compte de la faiblesse de ce chiffre, en pensant que les Boches avaient en face de la Ire Armée, c'est-à-dire dans la région comprise entre le canal d'Handzaeme au nord, et le chemin de fer d'Ypres à Thourout au sud, environ trois cent-soixante pièces.

se trouvaient : derrière le 4e bataillon du 321e, le 5e du même régiment ; derrière le 6e bataillon du 321e, le 116e bataillon de chasseurs alpins ; enfin, derrière le 1er bataillon du 401e, le 2e du même régiment. Le 1er bataillon du 1er régiment et le 6e du 233e étaient en soutien chacun de leur régiment respectif.

Le 5e bataillon du 321e, 116e B. C. A. et deux bataillons du 401e, avaient, après le deuxième bond, à opérer un passage de lignes.

A 5 h. 15, l'attaque se déclenche. Il fait encore sombre. A travers ce terrain chaotique, au milieu des ténèbres, on se dirige à la boussole.

Tandis qu'à droite, on avançait, au nord du bois Papegoed, vers la ferme Dungelhof et la corne nord-est du bois du Trapèze, au centre, on emportait la tranchée du Tour. Le lieutenant Igier (1), commandant la 22e compagnie du 321e, pénétrait dans la ferme Honoré, y lançait des grenades incendiaires qui la faisaient flamber. Toute la matinée, on verra des flammes et de la fumée s'en échapper. A gauche, dès 6 h. 10, le capitaine Chamoret pouvait annoncer : « Objectif atteint. » Blessé d'une balle au ventre, il avait encore l'énergie d'envoyer le message.

Mais dans les premières clartés du jour, les Boches déclenchaient leurs tirs de mitrailleuses sur les assaillants. Quelques-unes surtout, en batterie dans Aschoop, faisaient parmi nous des ravages.

---

(1) Un ancien maréchal des logis du 12e dragons, passé dans l'infanterie. Bonne taille, 28 ans, solide, brun, le masque énergique.

Le 6e bataillon (auquel appartenait la 22e compagnie), était commandé par le commandant Gatinet.

Malgré tout nous avancions.

Les hommes, exténués par la marche haletante, suivaient bien difficilement le barrage.

Certains, à demi enlisés, se sentaient perdre courage. Igier, pour rendre aux siens les forces, faisait sonner la charge. Et l'on voyait les hommes se relever, trébuchants, quelques-uns même essayer de courir !

Mais, d'autres obstacles que le sol où l'on enfonce les arrêtaient. Des fortins où crépitaient des essaims de mitrailleuses étaient restés intacts dans cette mer de boue. Celui de Klostermolen, par exemple, bloquait un instant et l'avance du 401ᵉ et celle du 321ᵉ. Un feu roulant en partait. Avant même d'avoir pu reconnaître la position, le capitaine Laligand et l'aspirant Le Foll (1) tombaient mortellement frappés. Les Boches avaient installé deux pièces sur la plateforme supérieure de leur bloc de béton. De là, ils tiraient comme à la cible nos hommes embourbés, les tuaient — même planqués dans les trous d'obus...

*
* *

Cependant, le passage de ligne s'était opéré entre 6 h. 45 et 7 heures.

Malgré la fatigue, malgré les nuits passées dans la fange, sous la pluie, malgré le défaut de ravitaillement (on dut boire l'eau des trous d'obus !), l'ardeur de nos hommes était admirable.

Tel mitrailleur (2) s'apercevant que sa pièce, obstruée par la terre, ne fonctionnait plus, la démontait, la nettoyait sous le feu ; un obus arri-

---

(1) 21ᵉ compagnie du 321ᵉ.

(2) De la 6ᵉ C. M. du 321ᵉ. Ils étaient dignes de leur chef, le lieutenant Blewinski, qui, la veille, allait sous le tir de barrage français reconnaître la ferme Honoré.

vant la couvrait de boue ; il ne se décourageait pas, se portait 50 à 60 mètres en arrière dans un autre entonnoir, et continuait.

A notre gauche, les fusiliers-marins et plus à gauche encore, le 102ᵉ B. C. P. progressaient eux aussi malgré une résistance acharnée.

Le 102ᵉ B. C. P. avait pour direction l'arcade encore debout de l'église de Merckem qu'au fond de la plaine bouleversée, à droite de la masse grise des arbres du parc, l'on apercevait, toute blonde des rayons du soleil levant.

Dès 8 h. 45, les chasseurs pénétraient dans l'amas de décombres qui avaient été le village de Merckem, et à 9 heures, un drapeau tricolore flottait au sommet de la butte qui se dressait au milieu du parc...

Mais au centre, Klostermolen tenait toujours. On n'avait enlevé que l'abri 54-23. Restait encore 54-24.

Des éléments du 2ᵉ bataillon du 401ᵉ en firent le siège.

Il fallait en finir.

Le grenadier Pagès (1), en rampant arrive à se coller contre l'entrée. Les Boches lancent des pétards (2).

Les pétards font surtout du bruit, les éclats en sont trop minces pour être dangereux. Ils n'émeuvent guère un vieux soldat. Pagès laisse les pétards exploser, et son poing expédie à l'intérieur une douzaine de grenades.

---

(1) Classe 1913. Petit, noiraud, le teint mat, figure aux traits rudes, taillée à coups de serpe, le front bombé et porté en avant et barré de deux rides transversales, type de montagnard du Rouergue, noueux et têtu, capable de tous les dévouements, en particulier pour son jeune lieutenant.

(2) Sorte de grenade à manche.

La dernière partie, il fait signe à son chef, le lieutenant Delac (1), que sa musette est vide.

Le lieutenant avait autour de lui une dizaine d'hommes. Il les envoie à l'attaque de l'abri, cinq à droite, cinq à gauche.

Mais les Boches étaient matés.

L'un d'eux se hasarde hors du gourbi, fait « Kamarade ». On ne lui tire pas dessus. A la file, en courbant le dos, les autres l'imitent. Il en sort vingt-deux.

A l'intérieur, les armes boches étaient encore chaudes. Des blessés, des tués — entre autres, un mitrailleur abattu sur sa pièce — montraient que les grenades de Pagès n'avaient pas été perdues.

Sur la gauche, un fait d'armes plus brillant encore assurait notre occupation de la ferme Aschoop, à peu près au même moment (11 heures).

Là, on se le rappelle, c'était, depuis le passage de lignes, le 116ᵉ B. C. A. qui opérait. Le commandant (2) ayant été blessé grièvement dès le début de l'engagement du bataillon, le commandement était passé au capitaine adjudant-major.

Celui-ci achevait de faire nettoyer les abris bétonnés de la ferme Aschoop et se trouvait fort gêné par le tir d'une mitrailleuse tapie dans un blockhaus à une centaine de mètres.

Plusieurs chasseurs étaient tombés. Le mouvement en avant était arrêté ; l'occupation de la

____

(1) Beau jeune homme de 21 ans (classe 1916). Grand, bien pris, brun aux joues colorées, moustache naissante ; un front solide et lumineux, des grands yeux bleus aux longs cils noirs, une grande expression de douceur, de belle santé physique et morale.

(2) Le commandant Raoult.

ferme devenait périlleuse. Il fallait à tout prix, faire taire « la machine à secouer les capotes (1)».

Le capitaine appelle un caporal, célèbre au bataillon par sa hardiesse et son sang-froid, et qui déjà à Bezonvaux, le 15 décembre 1916, avait gagné la médaille militaire en faisant, à lui seul, trente-sept prisonniers.

— Paccini, voilà un fortin qui nous gêne. Tu vas prendre ton escouade et t'en emparer.

Paccini réunit cinq hommes de son escouade qui étaient auprès de lui, et part.

La mitrailleuse claquait.

A peine a-t-il fait quelques pas, qu'un de ses hommes tombe frappé d'une balle.

La petite troupe néanmoins, de trou d'obus en trou d'obus, continue d'avancer.

Un Boche sort du fortin.

Paccini l'abat d'un coup de fusil et se précipite vers l'entrée de l'abri.

Mais un autre sort, le tire à bout portant, le manque. Lui l'expédie d'un coup de baïonnette et saute dans le gourbi. A sa vue, les Boches crient : « Kamarades ! »

Il les faisait sortir. Ils étaient douze.

— « A ce moment, me déclarait-il, je me suis trouvé seul... Je leur ai fait signe d'aller vers l'arrière, pour qu'ils marchent plus vite, je leur piquais le derrière de ma baïonnette, et je les ai amenés au capitaine adjudant-major (2). »

Sur le reste du champ de bataille, notre avance s'effectuait avec le même succès.

---

(1) C'est-à-dire la mitrailleuse.
(2) Paccini fut décoré de la Légion d'honneur sur le front des troupes, par le général Anthoine, le 17 novembre 1917.

A gauche du 116e B. C. A., le 5e bataillon du 321e avait atteint également vers 11 heures, les fermes du Grand-Père et du Gyroscope, et dès le même moment se trouvait à la ferme des Aviateurs en liaison avec les fusiliers-marins.

Quant au 102e B. C. P., il avait conquis son *objectif éventuel*, la ferme des Deux-Chapelles, dès 9 h. 45.

A droite, les objectifs : In den Hemel Cabaret, ferme Arabe et la ferme Dungelhof, étaient entre nos mains, malgré les mitrailleuses boches, à 8 heures.

Au delà, sur la plaine au sol moins boueux et aussi moins criblé de trous d'obus, nos soldats voyaient les Boches sortir des fermes à demi démolies et s'esquiver vers la forêt d'Houthulst. Ils les tiraient à la course, parfois en retournant contre eux leurs propres mitrailleuses.

Ainsi, dans ce terrain où les Boches déclaraient plus tard que jamais ils n'auraient cru qu'on pût faire une offensive, rien n'avait arrêté l'endurance, l'esprit de sacrifice et la bravoure de nos fantassins.

*
*

Restait à nettoyer la presqu'île de Luyghem. Le 273e s'en chargeait l'après-midi.

A 19 heures, le lendemain, le 116e B. C. A. enlevait le village d'Aschoop.

D'autre part, au nord de Luyghem, nos troupes étaient en liaison avec l'armée belge. (1)

La tâche assigné à la Iʳᵉ Armée était terminée.

La journée nous coûtait 84 tués et 683 blessés.

---

(1) Sur la ligne ferme de la Poule-d'Eau, ferme du Canard.

Des patrouilles belges avaient passé le Martjevaart pendant notre attaque et fait quelques prisonniers.

Nous avions fait plus de deux cents prisonniers dont 7 officiers.

**

Mais si l'action de l'infanterie avait montré une fois de plus l'héroïsme des poilus, cette action avait été appuyée, ainsi que nous le disions plus haut, par un travail d'artillerie et aussi d'aviation d'une rare perfection.

Comme nous l'avons vu par le bref exposé de la bataille qu'on vient de lire, c'était avant tout contre une résistance acharnée d'infanterie, que nos troupes avaient eu à lutter.

De l'artillerie boche, elles avaient peu souffert.

Sa réaction avait été encore plus faible que la veille.

A nos 120.000 coups de 75, à nos 23.000 coups d'A. L. et nos 1.500 coups d'A. L. G. P., les Boches n'avaient pu répondre que par 6.000 coups environ !

Grâce, en effet, à l'excellente visibilité — la journée était une des plus belles à cet égard que l'on eût vu depuis deux mois — la neutralisation des batteries ennemies avait été parfaite.

Nos escadrilles avaient pris l'air dès le petit jour. Immédiatement, elles en conquéraient la maîtrise et la conservait — incontestée — durant tout le combat.

Pendant que certaines mitraillaient les colonnes de renforts ennemis, d'autres pourchassaient les avions boches à travers le ciel. Elles allaient les traquer jusqu'au delà de la forêt d'Houthulst, abattaient quatre appareils, (l'adjudant Fonck trois à lui seul), — trop loin malheureusement pour qu'on put homologuer ces victoires.

L'aviation ennemie avait été ainsi — dès le début — chassée du champ de bataille. L'adversaire avait été comme aveuglé. Aucun de ses tirs n'avait pu être vérifié. Ses avions avaient été dans l'impossibilité même de jalonner l'emplacement de son infanterie.

Chez nous, au contraire, aviation d'infanterie et d'artillerie avaient pu accomplir leur travail en toute tranquillité.

Chaque vague avait été accompagnée et précédée d'avions. A chacune des phases de l'action notre commandement avait été renseigné sur la situation, et cela dans une bataille, où dès le début, toutes les communications, téléphone, T. P. S. et antennes de T. S. F., avaient été coupées par le bombardement.

Quant à l'aviation d'artillerie, elle avait pu signaler toute batterie qui se révélait, contribuer à la contre-battre par des réglages précis (1). Une batterie boche n'avait pu tirer 5 à 6 coups sans aussitôt être prise à partie et réduite au silence.

L'artillerie ennemie fut — littéralement — muselée. Les chiffres donnés plus haut le montrent avec éloquence.

Son activité par rapport à la nôtre fut dans la proportion de 1 à 25.

Cette dernière offensive était donc une merveille d'exécution (2).

Aussi, le soir à son rapport, le général était-il rayonnant. Le képi sur l'oreille, les mains dans les poches de sa grande houppelande d'ar-

---

(1) En particulier, les 1.500 coups d'A. L. G. P. purent être réglés et la plupart observés.

(2) Dans le détail même, il y eut — pour l'artillerie — des réussites remarquables.

C'est ainsi que le 215e d'artillerie de campagne qui avait une tâche des plus délicates: barrer devant Luyghem sans atteindre les Belges, s'en acquitta à la perfection.

tilleur, il écoutait le compte-rendu de chacun, so-
lidement campé une jambe en avant. De temps
à autre, il faisait quelques pas ; il plaisantait ;
son regard s'animait ; il était aimable, — d'une
amabilité de géant.

Jamais il ne m'avait donné une telle impression
de puissance. Jamais sa haute stature ne m'avait
semblé aussi dominatrice.

Les résultats.

La bataille des Flandres était finie, — de notre
côté du moins. Nos alliés ne devaient plus d'ailleurs lancer que deux attaques locales, la première le 6 novembre pour conquérir Passchendaele, la seconde le 10 pour élargir cette conquête. Ils se bornaient à s'organiser sur leurs
nouvelles positions, sans chercher à poursuivre
le but qu'ils s'étaient primitivement assigné de
contraindre l'ennemi à abandonner la côte flamande. La saison était trop avancée ; de plus,
leur droite et leur centre n'avaient réalisé que
des progrès insuffisants. Si, à l'aile gauche et
dans le secteur français y attenant, la majeure
partie du « béton » était conquise, il n'en allait
pas de même au centre et à droite. Enfin, les
pertes anglaises au cours de la bataille étaient
sévères. Elles se chiffraient à 450.000 hommes environ. Si l'on compte que l'armée combattante dé
nos alliés s'élevait à 70 divisions d'une douzaine
de milliers de combattants chacune, c'est-à-dire
à un million d'hommes au total environ, on voit
quelle saignée avait fait subir à l'armée anglaise
l'offensive entreprise le 31 juillet.

Il est hors de doute que cette usure de nos
alliés a contribué au choix fait par le comman-

dement allemand de la zone anglaise pour tenter son essai de percée du 21 mars, 1918.

Il faut bien dire, par contre, que la tenacité avec laquelle le dogue britannique s'agrippait à l'armée allemande durant le mois d'octobre 1917, l'usure « extraordinairement élevée » des unités de cette armée dans les Flandres pour employer l'expression même de Ludendorff, empêchèrent le commandement ennemi d'envoyer contre l'Italie la vingtaine de divisions (1) qui eussent été nécessaires pour changer la défaite de Caporetto (24 octobre) en un désastre décisif mettant hors de cause l'Italie. Nous eussions été coupés de l'Orient ; le blocus des Empires centraux eût été définitivement brisé ; c'était la partie très compromise, — sinon perdue.

Telles furent les conséquences générales de l'entreprise.

*
* *

En ce qui concerne l'armée française, quels avaient été les résultats ?

Tout d'abord, nos troupes avaient atteint les objectifs qui leur avaient été assignés. Leurs lignes dorénavant collaient au Sud et à l'Ouest à la forêt d'Houthulst ; au Sud, en particulier, l'avance réalisée était d'environ dix kilomètres.

Eu égard aux faibles effectifs engagés, le butin était considérable. Nous avions fait 1.500 prisonniers dont une trentaine d'officiers, pris 43 canons, quelque cent mitrailleuses, de nombreux minenwerfer, etc.

L'usure allemande, dans notre secteur, avait été très forte. Nos six divisions avaient vu passer devant elles treize divisions allemandes, savoir :

---

(1) V. ERICH LUDENDORFF. — *Souvenirs de guerre.* — Traduction française, t. II, p. 99 et suivantes.

les 49e D. R., 40e D., 111e D., 2e D. R. G., 119e D., 214e D., 26e D. R., 18e D., 27e D.. 58e D., 35e D., 8e D. R. B., 185e D. Encore ne comptons-nous pas la 19e D. L. restée en position à notre gauche, ni les divisions en majeure partie engagées contre les Britanniques. Enfin et surtout nos poilus avaient eu le sentiment très vif « de dominer le Boche ». Comme l'offensive de Verdun du 20 août et celle de la Malmaison du 23 octobre, c'était une opération réussie.

Et à peu de frais en vies humaines.

On avait écrasé l'ennemi et ses organisations d'une masse prodigieuse d'acier : entre 6 et 7 millions d'obus de tous calibres ! Mais les pertes étaient infimes : au total pour les six divisions engagées, 8.527 hommes, dont 1.625 tués seulement ! En trois mois de combats ! Aussi, au point de vue moral, le but que se proposait le général Pétain était-il parfaitement atteint.

Ces magnifiques troupes du 1er et du 36e C. A., malgré les effroyables souffrances endurées dans le bourbier des Flandres avaient à l'issue de la lutte le plus haut moral.

Sans doute, les scandales de l'arrière (on venait d'arrêter Lenoir et Desouches le 25 octobre) indignaient. Tel demandait que l'on rétablît la guillotine: « Quelques exécutions capitales seraient du plus heureux effet » (1). Mais beaucoup se consolaient à la pensée de nos succès, et disaient comme ce troupier du 110e R. I. : « Boue terrestre à l'avant, boue morale à l'arrière, boue

------

(1) Un officier de la 51e D. I. (*Contrôle postal* du 27 octobre 1917.)

glorieuse et boue honteuse » (1). La plupart eussent signé cette lettre qu'un *simple soldat* écrivait à sa mère et dont j'ai pris copie dans le contrôle postal du 27 octobre 1917 :

« J'ai le journal d'aujourd'hui qui célèbre notre belle victoire de l'Aisne (2); elle est très importante, surtout au point de vue des nouvelles positions qu'elle nous donne. Ce Chemin-des-Dames était terrible. C'était le monstre qui dévorait nos régiments. Il paraît que bien souvent une compagnie montée le matin à l'effectif de 150 hommes redescendait le soir avec un effectif de 50 à 60 hommes. Le reste était hors de combat. Et pourtant, on ne pouvait pas l'abandonner. La position était trop importante pour l'avance future. On en voit aujourd'hui les résultats. *Je t'assure que les troupes vont avoir une belle confiance dans Pétain* ; depuis qu'il est généralissime nous avons à notre actif Verdun, les Flandres, l'Aisne, et si j'en juge par ce que j'ai vu ici avec des pertes très réduites. En somme, c'est la guerre transformée. Il faut plus d'artilleurs que de fantassins ; l'artillerie écrase tout, et quelques compagnies de fantassins vont sans fusil et avec quelques grenades seulement occuper les positions et cueillir tout ce qu'ils peuvent. »

C'était la note dominante.

Comme à Verdun, comme à la Malmaison, les

---

(1) *Id.* — Dans un autre secteur (133e R. I.), un poilu écrivait tristement : « Ce qui me donne le cafard, c'est de voir partir tous ces heureux permissionnaires et moi de rester. J'ai payé cher une escapade *alors que les criminels qui vendent la France s'en tirent.* Ah! la seule justice, c'est bien la mort ! » (*Contrôle postal de Calais du 25 novembre 1917.*)

(2) Victoire de la Malmaison du 23 octobre 1917.

troupes sortaient ragaillardies de l'épreuve. Leur valeur combattive était décuplée, et elles devaient le prouver héroïquement aux heures critiques du printemps 1918.

ÉPILOGUE

Le Jour des Morts.

Le Jour des Morts fut consacré à la mémoire de ceux dont la vie avait payé nos succès.

Jour de deuil. Ciel bas. Lumière blafarde.

La plaine des Flandres au loin s'étendait sous la brume moite. Toutes les couleurs s'estompaient, s'éteignaient en une grisaille très douce, le vert des prés comme le rouge des toits, l'or clair des haies comme le vieil or des meules ; et à l'horizon, les lignes d'arbres ne se détachaient sur le gris du ciel que par un gris plus sombre.

Jour où dans la tristesse infinie des choses les blessures anciennes se rouvrent au fond du cœur; où se réveillent aiguës, poignantes, les douleurs lointaines que l'on croyait mortes ; où réapparaissent aussi les chers disparus, ensevelis sous le froid linceul de la terre.

Au loin, une cloche tintait, mélancolique.

A l'entrée du village, — un petit village de Belgique — dans le cimetière, on voyait bien des croix neuves, leur cocarde bleue, blanche et rouge, ou rouge, or, et noire, sous la barre horizontale.

La douce reine Elisabeth, qui depuis le début de la guerre se partageait entre les ambulances et les tombes, y avait fait porter le matin même des fleurs, dont les couleurs brillaient dans leur fraîche nouveauté.

Un service solennel devait être célébré à l'église, et l'aumônier d'une des divisions d'assaut devait y prononcer le sermon. J'y entrai. Les chaises étaient déjà la plupart occupées : quelques femmes du pays en noir ; mais surtout des uniformes — kaki ou bleu horizon.

Il semblait que la brume du dehors se fût infiltrée à l'intérieur. Il n'était que dix heures et demie, et il régnait déjà un demi-jour comme crépusculaire...

Des bannières tricolores pendaient aux barres de fer traversant la nef à la hauteur des impostes. Au milieu du chœur, se dressait un cénotaphe — garni de drapeaux français. Au fond de l'abside, on distinguait un christ tout blanc étendant ses bras au-dessus d'un groupe de statues coloriées qui représentaient les personnages ordinaires de la Passion : les Saintes femmes et Saint-Jean. A droite et à gauche de la nef, de naïves icônes rehaussées d'or resplendissaient dans la pénombre à la clarté des cierges.

L'orgue chanta.

Au travers des accords à la grave résonnance, l'organiste glissait la première phrase de la *Marseillaise*...

Puis une voix s'éleva, celle d'un ténor de l'Opéra-Comique, sur le front sous-lieutenant au génie et qui venait pieusement rendre hommage aux camarades morts pour la cause sainte. *Kyrie eleison !* Le cri sublime d'angoisse implorante se prolongeait sous les voûtes. *Christe eleison !*

L'aumônier monta en chaire. Sur la soutane noire éclatait le ruban rouge où pendait l'étoile de la Légion d'honneur ; à côté, on distinguait la croix de guerre au ruban sombre barré de palmes.

Il commenta les paroles de saint Paul : « *Omnes resurgemus* ».

« O hommes qui allez offrir vos poitrines à la mitraille, espérez et croyez ! Si vous tombez, la Vie éternelle vous réunira aux êtres chers que vous aurez quittés. Là-haut, Dieu vous accueillera dans son sein ! Morts de Charleroi, de la Marne ; de Verdun, de la Somme et de l'Yser ; frères belges morts à Liége, à Anvers ou à Dixmude, honneur à vous ! Et comme le Christ, un jour, vous ressusciterez ! ».

Au poignet de la main qui bénit, on voyait pendre la chaînette de métal, la plaque d'identité.

A côté de moi, un fourrier du 8ᵉ d'infanterie était abîmé dans la prière...

Je songeais aux péripéties d'une des dernières attaques menées par son régiment ; attaque où tels de ses camarades, ayant perdu leurs souliers restés dans la boue, avaient continué l'assaut pieds nus ; où d'autres, enlisés, obligés de se faire sortir avec des cordes, voyant qu'ils ne pourraient porter tout leur fardeau, stoïquement avaient jeté leurs vivres pour garder leurs grenades !

Le mot de Pascal : « Je crois en ces témoins qui se font égorger » que j'entendais tout à l'heure cité par l'aumônier me revenait à l'esprit.

Et je pensais : « Quand, après cette guerre, la France conviera le monde sur ce nouveau Golgotha où elle fut crucifiée ; quand, découvrant ses plaies, elle dira à l'Humanité : « Voilà ce qu'à l'aurore du xxᵉ siècle j'ai souffert pour ton amour, pour le Droit, pour la Justice humaine » ; quand elle montrera ce monceau de cadavres sur quoi s'édifiera la vie future, et tant de deuils et tant

de souffrances ; oh ! alors ! alors ! nous, nous,
les pauvres fervents boueux de Charleroi, de la
Marne, de Champagne, de Verdun, de la Somme,
de l'Yser ; nous, les témoins du martyre et, —
nous en avons la foi invincible, — de la résur-
rection triomphante, nous entendrons l'Humanité
s'écrier elle aussi : « Je crois en ces témoins qui
se firent égorger ! »

Capitaine DELVERT.

BIBLIOGRAPHIE

————

1° Sources

A) *Ordres.*

On trouvera les ordres d'opérations et les instructions envoyées à la Ire Armée dans les registres des « sorties » du 3e bureau du G. Q. G. et dans les registres des « entrées » du 3e bureau de la Ire Armée du 16 juin 1917 au 27 octobre 1917.

Les registres du 3e bureau (sorties), du 1er C. A., et du 36e C. A., donneront les ordres envoyés des C. A. aux divisions, et les plans d'engagement des C. A. ; ceux des 1re, 2e, 51e, 162e, 29e et 133e D. I., les ordres envoyés par les divisions aux régiments, et les plans d'engagement des D. I.

Tous ces registres sont malheureusement aujourd'hui enfermés dans les archives de la Guerre, et ne pourront être, selon toute vraisemblance, consultés que dans cinquante ans.

Le G. Q. G., avant sa dissolution a rédigé un travail intitulé : « Relevé chronologique et analyse succincte des principaux ordres, instructions, directives concernant les opérations. » (G. Q. G., 15 avril 1919, 3e bureau, n° 23.373.) Le « relevé » va du 1er août 1914 au 11 novembre 1918. Bien que l'on m'y ait signalé une erreur (peut-être y en a-t-il d'autres), c'est un travail remarquable et qui facilitera grandement la tâche des historiens futurs.

Il est encore tenu secret.

B) *Comptes rendus d'opérations.*

Ces comptes rendus, comme les registres d'ordres, ont été versés aux archives de la Guerre.

Il existe tout d'abord les journaux de marche de la Ire Armée ; des 1er et 36e C. A. ; des 1er, 2e, 51e, 162e, 29e et 133e D. I.

Tous ces journaux de marche donnent un exposé des faits sec et sommaire.

Le Ier Corps d'armée toutefois a rédigé des « exposés » d'opérations, purement techniques, mais remarquablement complets, surtout en ce qui concerne la préparation. Les récits des combats eux-mêmes sont des plus brefs. Ils se bornent à noter les conditions du départ, les étapes de la progression et la réaction de l'ennemi.

Les journaux de marche des régiments tombent, en général, dans l'infini détail. Ils sont souvent inexacts, et parce que la vérité arrivait déjà déformée à l'échelon régiment, et parce qu'ils sont souvent tendancieux.

Pour le récit de chaque action, j'ai toujours complété et vérifié les notes que j'avais prises le jour même, par le témoignage des combattants, officiers et soldats, interrogés le plus tôt possible après les événements. Dans ces interrogatoires, ce sont *toujours* les soldats qui m'ont fourni les dépositions les plus intéressantes et les plus véridiques, et parce qu'ils avaient participé de plus près à l'action, et parce qu'ils ne cherchaient que très exceptionnellement à se faire valoir.

c) *Cartes.*

La carte au 1/80.000^e ne donne le détail du terrain que jusqu'à la frontière belge.

Pour suivre l'ensemble des opérations on possède : 1° la carte de l'Etat-Major belge au 1/40.000^e ; 2° la carte de l'Etat-Major anglais au 1/100.000^e ; 3° les cartes françaises au 1/200.000^e.

L'ordre de bataille ennemi du front occidental était établi sur des cartes au 1/600.000^e ; l'ordre de bataille particulier au front de la Ire Armée, sur des cartes au 1/100.000^e.

Des plans directeurs ont été dressés aux échelles suivantes : 1/20.000^e, 1/10.000^e, 1/5.000^e.

Des cartes au 1/100.000^e donnent les détails de l'équipement du front.

D) *Renseignements sur l'ennemi.*

Le document capital est : le *Bulletin de Renseignements* rédigé par le 2e bureau de la Ire Armée.

Il a paru chaque jour à partir du 21 juin 1917 (N° 1), jusqu'au 30 novembre 1917 (N° 163).

2ᵉ **Ouvrages**

Les ouvrages sur la guerre sont déjà extrêmement nombreux. Ceux ayant une valeur scientifique sont encore assez rares.

Pour l'opération très particulière qui nous occupe, je ne vois guère à signaler que les *Dépêches* du maréchal Douglas Haig, et les *Souvenirs de guerre* de Erich Ludendorff.

M

N

P

Q

R

TABLE DES MATIÈRES

PREMIÈRE PARTIE

Le terrain. — Les forces en présence

DEUXIÈME PARTIE

—

La préparation

—

TROISIÈME PARTIE

—

Les attaques

—

Le Jour des Morts

—

AUTRES OUVRAGES DU MÊME AUTEUR

Chez L. Fournier :

— *L'Erreur du 16 Avril 1917.* — In-8, 80 pages   **3 fr.**

— *Verdun* (avec 59 reproductions en trichro-
mie de tableaux de J.-F. Bouchor). —
Lettre-préface du maréchal Pétain. —
Grand in-4° raisin. 200 pages............ **100 fr.**

Chez Berger-Levrault :

Quelques héros. — Récits authentiques de la
grande guerre. Lettre-préface de Marcel
Prévost. — In-12. 16 gravures **5.75**

Histoire d'une Compagnie. — Main de Massi-
ges. — Verdun (novembre 1915, juin 1916)
Préface d'Ernest Lavisse. — In-12........ **5.75**

Paris. — Imp. & Lib. Militaire Universelle L. FOURNIER.

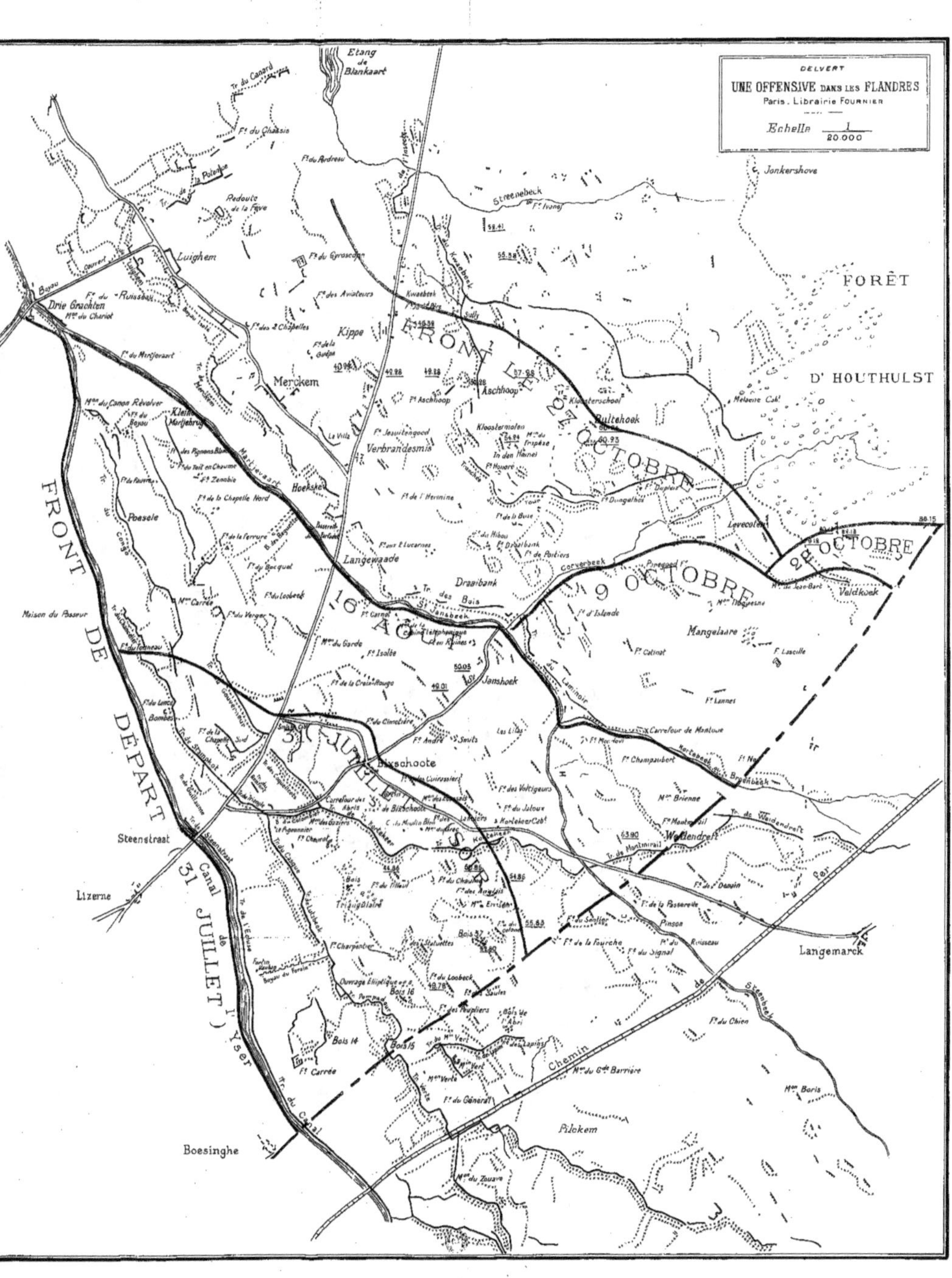

DELVERT
UNE OFFENSIVE DANS LES FLANDRES
Paris. Librairie FOURNIER
Echelle 1/20.000

Etang de Blankaart
Jonkershove
FORÊT
D' HOUTHULST
Streenebeck
Luighem
Drie Grachten
Kippe
Merckem
Aschhoop
Kloosterschool
Bultehoek
Verbrandesmis
In den Hanei
Hoenske
Langewaade
Draaibank
Corverbeek
Levecolen
28 OCTOBRE
9 OCTOBRE
Valdkoek
Mangelaare
Janshoek
Carrefour de Manlove
Bixschoote
Steenstraat
Lizerne
Brienne
Weidendreft
Langemarck
Canal de 31 JUILLET l'Yser
Boesinghe
Pilckem
Chemin
FRONT DE DÉPART

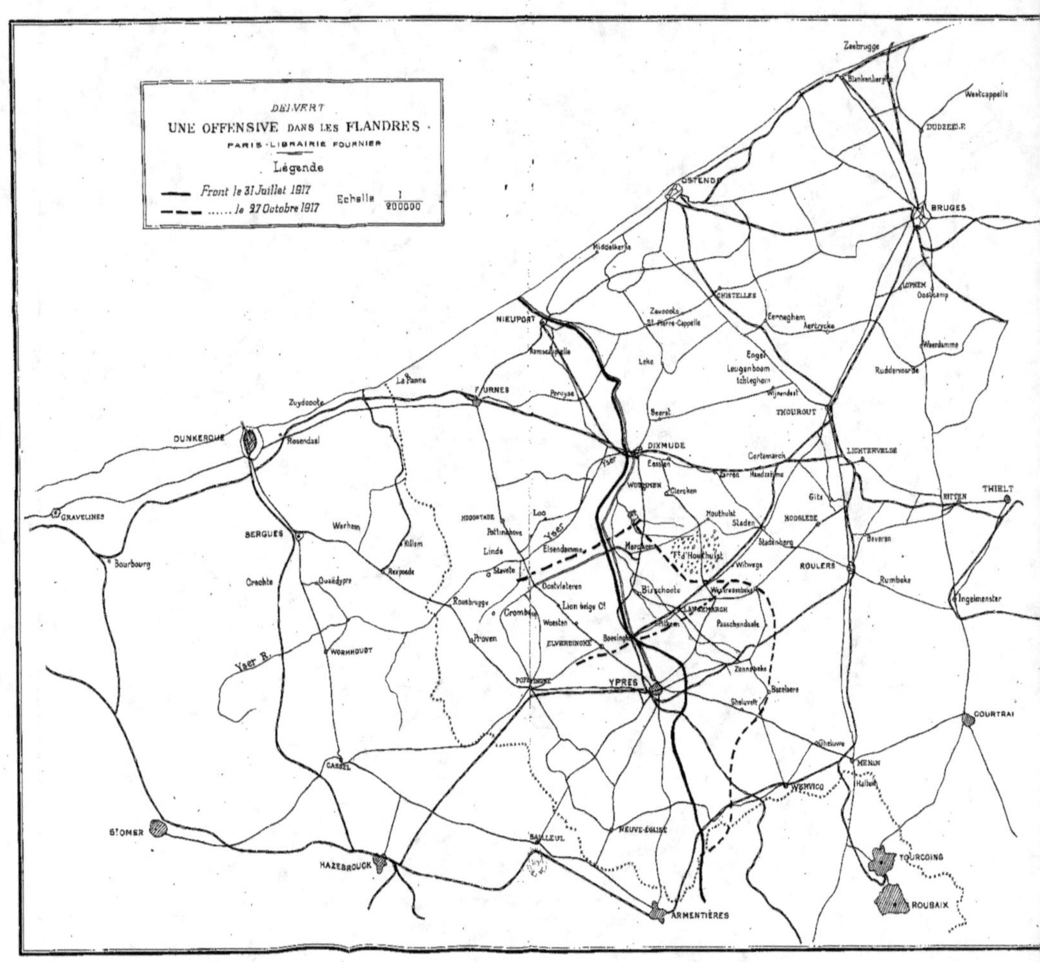
DELVERT
UNE OFFENSIVE DANS LES FLANDRES
PARIS·LIBRAIRIE FOURNIER
Légende
Front le 31 Juillet 1917
le 27 Octobre 1917
Echelle 1/200000
Zeebrugge
Blankenberghe
Westcappelle
DUDZEELE
OSTENDE
BRUGES
Middelkerke
GHISTELLES
LOPHEM
Oostkamp
Zevecoote
St-Pierre-Cappelle
Eerneghem
Aertrycke
NIEUPORT
Leke
Engel
Waerdamme
Ramscappelle
Leuganboom
tchleghem
Ruddervoorde
La Panne
FURNES
Pervyse
Beerst
Wijnendael
THOUROUT
Zuydcoote
DIXMUDE
Cortemarch
LICHTERVELDE
DUNKERQUE
Rosendael
Esssen
Zarren
Handzaeme
Gits
ITTEN
THIELT
WOUMEN
Clercken
HOOGLEDE
Mouthulst
GRAVELINES
Loo
Sladen
HOOGSTADE
Stadenberg
Beveren
BERGUES
Warhem
Poltinghove
Yser
Witwegs
ROULERS
Bourbourg
Killem
Linde
Elsendamme
Marchem
Ft d'Houthulst
Rumbeke
Crochte
Ousaedypre
Rexpoede
Stavele
Oostvleteren
Bixschoote
Westroosbeke
Ingelmenster
Rousbrugge
Lion brige Ct
LANGEMARCH
Crombeke
Woesten
Tilkem
Passchendaele
Proven
Bossinghe
Yser R.
ELVERDINGHE
Zonnebeke
WORMHOUDT
POPERINGHE
YPRES
Becelaere
Zillebeke
COURTRAI
Gheluwe
CASSEL
MENIN
Halluin
WERVICQ
St-OMER
BAILLEUL
NEUVE-ÉGLISE
TOURCOING
HAZEBROUCK
ARMENTIÈRES
ROUBAIX

www.ingramcontent.com/pod-product-compliance
Lightning Source LLC
LaVergne TN
LVHW021023050726
842519LV00003B/712